CHAMPS D'ESSAIS AGRICOLES

DE 1885-1886

RÉPUBLIQUE FRANÇAISE

DÉPARTEMENT DU PAS-DE-CALAIS

CHAMPS D'ESSAIS AGRICOLES

DE 1885-1886

RAPPORT

DE

M. COMON, Professeur Départemental d'Agriculture.

ARRAS
IMPRIMERIE DE L'AVENIR — ED. BOUVRY ET Cⁱᵉ
4, RUE DU LARCIN, 4

1887

RÉPUBLIQUE FRANÇAISE

DÉPARTEMENT DU PAS-DE-CALAIS

CHAMPS D'ESSAIS AGRICOLES

DE 1885-1886

RAPPORT

DE

M. COMON, Professeur Départemental d'Agriculture.

ARRAS
IMPRIMERIE DE L'AVENIR — ED. BOUVRY ET Cie
4, RUE DU LARCIN, 4

1887

CHAMPS D'ESSAIS AGRICOLES
DE 1885-1886

RAPPORT A M. LE PRÉFET

Monsieur le Préfet,

Vous m'avez fait l'honneur de me confier la direction des Champs d'expériences, et c'est à ce titre que je viens vous rendre compte par le présent Rapport de ce qui a été fait en 1885-86.

La délibération du Conseil général dit en substance qu'un Champ d'expériences sera établi dans chacun des six arrondissements de notre département, et que l'on ne pourra dépenser pour plus de 156 fr. d'engrais et de semences pour chacun d'eux. La délibération du Conseil général n'en dit pas beaucoup plus long ; il en résulte qu'une certaine latitude m'a été laissée pour l'organisation de ce service.

Pour justifier cette organisation, permettez-moi, M. le Préfet, d'entrer dans quelques détails, d'abord sur le but des Champs d'expériences, tels que je les comprends, ensuite sur la manière de l'atteindre.

Le but des Champs d'essais.

1. *Les Champs d'expériences doivent d'abord, suivant moi, être des champs de* DÉMONSTRATION.

C'est de l'enseignement agricole par les yeux.

On a souvent reproché à l'homme des campagnes de manquer d'instruction. Il doit en résulter une certaine incrédulité pour tout procédé de culture qui n'est pas celui de ses pères, ou toute manière de faire qui n'est pas la sienne. Il ne peut alors marcher avec son siècle, on dit qu'il est routinier.

Le petit cultivateur ne fait pas partie des sociétés agricoles, il n'est abonné à aucun journal spécial, il est en un mot un peu en dehors de tout ce qui se fait autour de lui, et il s'en désintéresse trop facilement.

S'il apprend que le professeur d'agriculture doit traiter au chef-lieu de canton tel sujet de nature à l'intéresser, il n'ira pas toujours l'entendre. S'il se rend à la conférence, il écoutera d'une oreille souvent incrédule et il restera bien peu de chose de l'entretien de ce fonctionnaire. J'ai vu fréquemment, cependant, de petits cultivateurs de bonne volonté venir me demander des renseignements sur le sujet que je venais de traiter.

Ils me promettaient qu'ils allaient essayer ce dont je leur parlais ; neuf fois sur dix, ils n'essayaient rien. La plupart par suite de l'incrédulité qui leur était revenue ; le reste, faute de renseignements dont ils ne se souvenaient plus, et qu'ils n'osaient presque jamais me demander par écrit, car l'homme des champs n'écrit pas.

Le petit cultivateur de bonne volonté, admet très bien la justesse d'un raisonnement, mais il ne croit généralement *que lorsqu'il a vu*.

Si, un petit agriculteur apprend un jour que non loin de lui, existe un champ d'expérimentation, il ne manquera pas, poussé par la curiosité, quand l'occasion s'en présentera, d'aller le visiter ; mais il n'y trouvera personne pour lui donner des explications.

Il reviendra cependant chez lui fort intrigué, et lorsqu'il apprendra qu'il y a tel jour réunion au Champ d'expériences, il ne manquera pas d'y aller ; d'abord, parce qu'il ira voir quelque chose et non entendre quelqu'un ; ensuite parce que le propriétaire du champ est un cultivateur comme lui, qu'il connaît, un des siens en un mot. Il ira donc à la réunion, et s'intéressera beaucoup plus à ce qu'il verra qu'à ce que le professeur aurait dit à la Mairie.

S'il trouve quelque chose à prendre dans ce qu'il a vu, il le prendra; s'il a des renseignements à demander, il les demandera au propriétaire du champ. De cet entretien sur le terrain, il restera quelque chose ; d'une Conférence à la Mairie, il ne reste rien ou presque rien.

Cet enseignement par les yeux d'un genre nouveau ne donnera tous ses fruits que lorsqu'il y aura un champ de démonstration dans tous les cantons au moins. Car il ne faut pas espérer qu'un champ d'essais dans un arrondissement profitera à plus d'un canton,

Les premières années, j'en suis tout-à-fait convaincu, les réunions sur le terrain seront quelquefois moins nombreuses qu'à la mairie ; on n'y verra pas le juge-de-paix, le receveur de l'enregistrement, etc., plusieurs personnes qui viennent écouter le professeur avec intérêt, mais qui n'ont rien de commun avec la culture, et qui se rendent aux réunions de la Mairie principalement pour satisfaire leur curiosité (dont je suis loin d'ailleurs, de les blâmer). Les quelques personnes qu'on y verra, seront des *cultivateurs*, qui pourront pour la plupart, avoir quelque chose à retenir ou à essayer.

C'est donc la petite culture qui a surtout à profiter de la création des Champs de démonstration, parce que c'est la classe de cultivateurs qui a le moins de moyens, pécuniers ou autres, et c'est par cela même, la classe la plus digne d'intérêt.

La moyenne culture en profitera presque autant, et il ne manquera pas de grands cultivateurs venant du canton voisin voir le champ d'essais.

Le Champ d'expériences, pris dans le *sens du Champ de démonstration*, est un objet d'enseignement par les yeux. Il développe chez le petit cultivateur, le goût de l'expérimentation. Il lui prouve qu'il peut réaliser des améliorations dans ses procédés de culture ; il lui montre que *sans être chimiste* il peut consulter sa terre et ses plantes. Il lui fait enfin connaître et apprécier certaines variétés de plantes, dont il peut juger des qualités, et se procurer de la graine chez le propriétaire du champ. Le Champ de démonstration peut donc être fort utile à la petite culture, mais à condition toutefois que l'on ne cherche à établir des essais que sur des faits définitivement acquis à la science et à la pratique. On doit chercher à *prouver* et non à *trouver*.

II. *Les Champs d'essais fonctionnant comme Champs d'expériences.*

Indépendamment du but que je viens d'essayer de dessiner, les champs d'essais peuvent, *dans une certaine mesure, servir de champs d'expériences proprement dits.*

Il ne faut cependant pas se méprendre sur la signification des mots que je viens d'employer. Je ne veux pas entreprendre des expériences de physiologie végétale, expériences délicates qui demandent une surveillance de tous les instants et le concours d'un laboratoire. Je pense cependant, qu'avec le concours des hommes intelligents et dévoués qui ont été choisis, on peut tenter des expériences simples sur des faits pratiques qui peuvent ne pas être encore connus partout, et qu'il serait avantageux de faire connaître aux cultivateurs.

Prenons un exemple : On ne fait guère usage dans notre département que de superphosphates en fait d'engrais phosphatés.

Il paraît démontré que le cultivateur a peut-être avantage à remplacer quelquefois ces superphosphates par des phosphates naturels, qui sont d'un prix moins élevé. C'est une question sur laquelle je n'oserais encore me prononcer. Je désirerais l'élucider en établissant des expériences comparatives dans les six arrondissements. J'expérimenterai sur du blé ou des féveroles ; le concours d'un laboratoire n'est pas nécessaire, car il n'y a qu'à peser la récolte.

Un autre exemple : Depuis quelque temps, on dit que les engrais pulvérulents font plus d'effet enfouis à une certaine profondeur que semés à la surface ou enfouis à l'extirpateur. C'est encore une chose à laquelle je veux bien croire, mais qui demande à être expérimentée.

Voilà deux exemples d'expériences à faire. Ce sont des expériences faciles, qui n'exigent pas du tout le concours d'un laboratoire. Ce sont des expériences *culturales*, si je puis m'exprimer ainsi, d'où peuvent sortir *des faits*, mais des faits qui peuvent être mis en pratique immédiatement par la culture, et avec profit.

Ces expériences peuvent donner des résultats fort intéressants surtout parce qu'elles sont faites par la même personne dans des conditions différentes.

Si, dans le *champ de démonstration* on doit s'attacher à n'établir des essais que sur des faits définitivement acquis, *dans les champs d'expériences,* tels que nous venons de les définir, *on ne doit tenter que des expériences faciles, et pouvant donner des résultats immédiats, profitables à la culture.*

Ainsi, dans tous nos champs d'essais, une part sera faite à l'enseignement par les yeux, l'autre partie sera réservée à l'expérimentation culturale.

Succès et Insuccès. — On a dit que les essais d'un champ de démonstration *devaient réussir* sous peine de discréditer ces utiles institutions. C'est parfaitement exact, car le mot *démonstration* indique clairement l'idée que l'on a de vouloir démontrer des faits acquis. Cependant, pour pouvoir *démontrer*, pour être certain de réussir en agriculture, il faut connaître à fond les conditions dans lesquelles on opère, ce qui se peut difficilement, étant donnés les cas si divers dans lesquels ceux qui font des champs de démonstration, c'est-à-dire les professeurs départementaux d'agriculture, sont appelés à opérer.

Ensuite, qui peut dire que les pluies ne se prolongeront pas trop, que la sécheresse n'entravera pas la végétation, que la grêle, ou tel fléau, n'anéantira pas les récoltes.

On ne peut donc être certain de *réussir*, c'est-à-dire de *démontrer*, et les résultats que nous publions plus loin, le prouvent, car nous y verrons des succès et des insuccès, toujours inévitables.

C'est pour toutes ces raisons, que j'ai cru qu'il était préférable de ne pas adopter le *mot Champ de démonstration* qui pourrait faire naître dans la pensée des cultivateurs l'idée fausse qui consiste à croire que l'on doit réussir malgré tout.

Je préfère de beaucoup le terme plus vague, et plus modeste de *Champs d'essais*, qui laisse entrevoir la possibilité de *non réussite*, quand l'expérience est entreprise sans parti pris.

CRÉATION DES CHAMPS D'EXPÉRIENCES

Choix des Agriculteurs.

Un point d'une importance capitale, était de choisir les cultivateurs chez qui on allait installer les champs d'expériences.

Il fallait s'assurer le concours *d'hommes de progrès, de cultivateurs très soigneux*, et scrupuleux dans l'exécution des différentes opérations d'un champ d'essais.

Il fallait, autant que possible des cultivateurs bien posés, jouissant de l'estime et de la confiance de leurs concitoyens ; j'ai évité complètement les cultivateurs amateurs, que l'on appelle *bourgeois* dans les campagnes pour ne prendre que des agriculteurs de profession.

Un champ d'expériences doit être facilement abordable. Ainsi tous les champs d'essais sont-ils établis le plus près possible d'une station de chemin de fer, à proximité d'une ville ou d'une commune importante, avec accès sur une voie de communication fréquentée.

Un écriteau placé en vue porte l'inscription : « Département du Pas-de-Calais. Champ d'expériences agricoles. »

J'ai trouvé facilement, dans le grand nombre de propositions qui m'ont été faites, 6 propriétaires réunissant les conditions énumérées plus haut.

Conditions dans lesquelles les champs d'expériences ont été établis.

Voici les conditions qui ont été proposées et acceptées :

Art. 1er. — Le propriétaire ou fermier s'engage à fournir gratuitement pour la campagne de 1885-86 :

1° Un terrain de 35 à 45 ares ;

2° Le fumier (pour les parcelles qui en reçoivent) ;

3° Les travaux des attelages et la main d'œuvre pour la préparation du sol, les ensemencements, l'entretien pendant la végétation, la récolte.

Art. II — Le département a à sa charge :

1° Les engrais de commerce ;

2° Les semences, s'il y a lieu ;

3° Les frais de transport des engrais, et les petites dépenses

Art. III. — Le propriétaire bénéficie des produits du champ.

Art. IV. — La direction du champ d'essais appartient au professeur d'agriculture. Cependant, il est naturel que ce fonctionnaire s'entende avec le propriétaire sur les cultures à entreprendre, et les variétés à semer. Ils conviennent ensemble de la préparation des terres, de tous les détails de la culture, des précautions à prendre, etc., et enfin fixent le jour de la récolte.

Le professeur d'agriculture assiste autant que possible aux semailles ainsi qu'à la récolte, fait peser celle-ci, et prélève des échantillons s'il y a lieu.

Le professeur d'agriculture réunit une fois les agriculteurs du pays au champ d'expériences si les essais sont réussis et leur explique sur le terrain les essais qui ont été tentés. La convocation à cette réunion a lieu par voie d'affiches.

Voici les noms des cultivateurs dont je me suis assuré le concours en 1885-86.

Arrondissement d'Arras : M. Lefebvre Joachim, à Vaulx-Vraucourt.

Arrondissement de Béthune : M. Masclef Joseph, à Loison.

Arrondissement de Boulogne : M. Joly-Dausque, à St-Martin-Boulogne.

Arrondissement de Montreuil : M. Blondel-Duverger, à Brimeux.

Arrondissement de St-Omer : M. Platiau, à Longuenesse.

Arrondissement de St-Pol : M. Guaquerre, à St-Pol.

PLAN DES EXPÉRIENCES D'AUTOMNE

Voici les essais que je résolus de faire :

1° Le sol des champs où sont établis les essais, a-t-il besoin d'acide phosphorique ?

2° Est-il plus avantageux pour le cultivateur de mettre l'acide phosphorique sous forme de phosphates naturels pulvérisés, superphosphates, ou phosphates précipités ?

3° Peut-on, ou a-t-on avantage, dans nos arrondissements betteraviers à faire usage de la méthode allemande, qui consiste à prendre le blé pour tête de l'assolement, le fumer fortement et le faire suivre par la betterave avec fumure légère ?

Certaines variétés de blé, françaises ou étrangères, peuvent-elles être employées ?

4° Quelles sont les variétés de blés d'hiver qui conviennent le mieux aux sols des champs d'essais ?

5° Des essais de sélection seront faits à maturité :

(a) Sur la variété ordinaire du pays.

(b) Sur les variétés qui auront donné les meilleurs résultats dans les essais.

DISPOSITION DES CARRÉS D'ESSAIS

Il n'y a qu'une seule méthode à adopter pour la disposition des essais ; c'est celle qui consiste à mettre toutes les bandes d'engrais dans un sens, et les différentes variétés d'une même plante, dans l'autre sens. Les bandes d'engrais, et de variétés, en s'entrecroisant forment des carrés égaux ; comparables entre eux, séparés par des sentiers de 20 à 50 centimètres suivant les cas.

Ce système a l'avantage incontestable d'essayer chaque engrais sur toutes les variétés, et chaque variété sur tous les engrais.

La figure ci-dessous, donne une idée de la disposition des carrés.

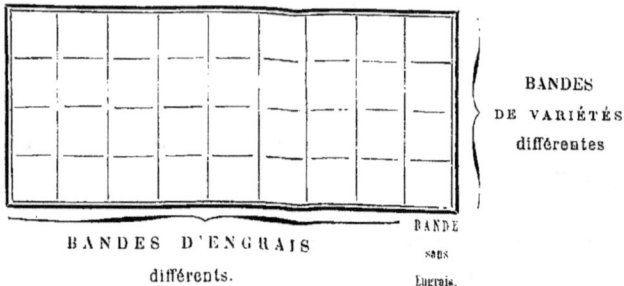

BANDES DE VARIÉTÉS différentes

BANDES D'ENGRAIS différents.

BANDE sans engrais.

Tous les champs d'essais ont été établis sur ce modèle ; le nombre et la nature des semences ou des engrais employés, varie avec les essais à tenter, la configuration du champ, la surface de celui-ci, etc., mais le principe de la disposition est resté le même partout.

CHAMPS D'ESSAIS CHEZ M. MASCLEF, DE LOISON

J'ai dit plus haut, que chaque champ d'essais a environ 40 ares. Une exception a été faite en faveur de M. Masclef, de Loison, qui cultive des terres dans deux communes voisines : Noyelles et Loison. Il désirait que les expériences tentées à Noyelles, fussent répétées à Loison, et demanda en outre l'augmentation de la surface de 40 ares, s'engageant à faire à ses frais, tout ce qui dépasserait la somme de 156 francs maximum imposé par le Conseil général.

Vous avez bien voulu M. le Préfet, approuver les conditions, qui permettent de ne pas dépenser chez M. Masclef plus qu'ailleurs, tout en augmentant l'intérêt des essais.

CHAMP DU CALVAIRE DE NOYELLES

M. Masclef mit à ma disposition une pièce de terre de nature argilo-siliceuse, bien uniforme dans toute son étendue, et située entre deux chemins aux portes de Noyelles. Cette terre venait de porter des betteraves.

Je pris dans la pièce : un regtangle qui fut divisé en 78 parcelles d'un are chacune, en réservant à une extrémité, un triangle destiné à semer 22 variétés de blé.

(a) *Essais relatifs à l'acide phosphorique.* — (N°s 1 à 60).

Les parcelles 55 à 60 n'ont reçu aucun engrais. 1 à 54 ont eu de l'acide phosphorique sous les trois formes désignées plus haut. (Phosphates naturels, superphosphates et phosphate précipité).

On pourra, plus loin, par la comparaison de ces deux séries de parcelles, savoir si l'acide phosphorique manque au sol.

Les parcelles 1 à 54 sont destinées à faire connaître la forme sous laquelle il est le plus avantageux de donner l'acide phosphorique.

Le superphosphate est employé exclusivement dans votre département. Les phosphates fossiles que l'on extrait dans le Boulonnais, ne servent qu'à faire des superphosphates, mais ne sont guère employés sans cette transformation. Quant au phosphate précipité, il n'est pas connu de la plupart des cultivateurs de notre région.

D'après les expériences de M. Grandeau, il paraîtrait que l'acide phosphorique des phosphates naturels bien pulvérisés, feraient de l'effet l'année même, si l'on en met une quantité suffisante. D'après M. Grandeau, l'effet produit par ces phosphates serait à peu de chose près équivalent à celui obtenu au moyen des superphosphates et des phosphates précipités.

Il serait très important d'être fixé sur ce point, car il y aurait une réelle économie pour les cultivateurs :

Ainsi l'acide phosphorique des superphosphates, vaut 0,50 à 0,60 c. le kil. Celui des phosphates précipités, 1 fr. et celui des phosphates naturels, 0,20 à 0,30 c.

Si l'on dépense par exemple par hectare, 6 quintaux de superphosphates, dosant 11,69 d'acide phosphorique soluble dans le citrate d'ammoniaque, à 0,52 c. du degré, soit 6,08 le quintal, on dépensera

36 fr. 48. Si l'on achète pour la même somme du phosphate précipité on n'en aura que 45 k. en supposant un phosphate précipité riche, coûtant 32 fr. les 100 k. Si l'on emploie cette somme de 36 fr. à acheter des phosphates naturels, on en aura 900 k. Si ces 900 k. produisent un effet supérieur aux superphosphates, il y aura lieu d'abandonner immédiatement ces dernières comme étant moins économiques. Si l'effet produit est le même, on doit encore abandonner les superphosphates, car une grande partie de ce phosphate ne sera vraisemblablement pas assimilé dès la première année, et en faisant usage des phosphates naturels, on enrichira son sol en ce sel, tout en ne dépensant pas plus.

Généralement, quand on fait une expérience comparative sur la valeur de trois engrais renfermant le même élément on met sur chaque parcelle exactement la même quantité de l'élément sur lequel on expérimente. Ainsi, dans notre cas, on aurait mis tant de kilogr. d'acide phosphorique sous les trois formes dont nous nous occupons. Cette méthode ne m'a pas semblée devoir parler suffisamment aux yeux des cultivateurs, *et j'ai préféré me baser sur l'argent que coûte chacun de ces engrais.* J'ai pris pour point de départ les 36 fr. que me coûtent 6 quintaux de superphosphates et qui représentent une petite dose. J'ai acheté pour la même somme de phosphate précipité (115 k.) et encore pour la même somme de phosphates naturels (900 k.)

Je crois que c'est à ce point de vue qu'il faut se placer, quand on fait des expériences qui sont destinées à des cultivateurs. Les résultats seront beaucoup plus tangibles. Mon but n'est pas de rechercher la valeur agricole relative du kil. de chaque espèce de phosphate, il est de savoir celui dont le cultivateur doit faire économiquement usage.

Tous les carrés d'une même expérience comparative ont donc reçu des quantités d'acide phosphorique différentes, *mais pour la même somme.*

Pour bien se rendre compte de l'effet que peut produire une addition d'acide phosphorique sous une forme quelconque, il est utile d'expérimenter avec des doses modérées, et à côté, d'employer des doses exagérées. Le cultivateur peut alors plus facilement se rendre compte du moment où l'engrais cesse d'être économique.

Le tableau n° 1 indique la manière dont ont été disposés les essais. Les différentes doses ont été calculées sur 36 et 72 fr. à l'hectare. Suivant qu'il s'agit de la dose ordinaire ou de la haute dose.

Les bandes de comparaison des engrais sont placées dans le sens transversal, et celles de 6 variétés de blés dans le sens longitudinal, selon le principe énoncé plus haut.

Les 6 variétés de blés d'expériences sont les suivantes :

1° Blé blanc d'Armentières (variété cultivée par M. Masclef).
2° Blé Standup.
3° Blé blanc anglais velouté.
    (Ces deux excellentes variétés sont importées d'Angleterre par M. Deconinck).
4° Goldendrop selection Hallett.
5° Nursery selection Hallett.
    (Ces deux variétés sont également importées par M. Deconinck.)
6° Blé hybride Aleph (variété créée par M. Vilmorin, par le croisement du Blé bleu de Noë, avec le Blé blanc de Bergues).

II. — **Expérimentation du système allemand.**

18 carrés d'un are ont été réservés à une extrémité de la pièce, pour expérimenter le système des pays sucriers de l'Allemagne, qui consiste à prendre le blé pour tête de l'assolement, à le fumer fortement, au fumier de ferme, au nitrate et au superphosphate ; à faire suivre ce blé par des betteraves qui ne reçoivent que des superphosphates et du nitrate.

Ce système, qui a procuré à nos voisins des récoltes exceptionnelles en blé a aussi pour conséquences de faire produire en seconde année des betteraves très riches. Depuis que la nouvelle législation sucrière nous impose la production de racines très sucrées, on a le droit de se demander s'il ne serait pas avantageux pour nous de faire usage de la méthode qui a si bien réussi en Allemagne.

J'ai divisé les 18 ares qui me restaient en 2 carrés de 9 ares. Chacun d'eux est divisé en 9 parcelles d'un are. Les 9 carrés de gauche sont destinés au système allemand à faible dose d'engrais et les 9 de droite à la haute dose.

Ici encore, j'expérimente l'effet produit par des superphosphates, les phosphates naturels, et les phosphates précipités.

Les 9 parcelles de faible dose reçoivent à l'hectare :

    20.000 k. fumier.

    200 k. de nitrate de soude.

Et pour 36 fr. de
{ Phosphates naturels (n°s 61, 62, 63).
Superphosphates (n°s 64, 65, 66).
Phosphates précipités (n°s 67, 68, 69). }

Les 9 parcelles de haute dose reçoivent à l'hectare :

    40,000 k. fumier.

    400 k. de nitrate de soude.

Et pour 72 francs
{ Phosphates naturels (70, 71, 72).
Superphosphates (73, 74, 75).
Phosphates précépités (76, 77, 78). }

Pour supporter de semblables fumures, dans des terres riches comme celles sur lesquelles nous expérimentons, pour résister à la verse, nous avons fait usage d'une des variétés de blé qui ont eu le plus de succès en Allemagne, et qui a la réputation de résister le plus facilement à la verse : le blé d'origine anglaise Square head (dit Shériff ou Shireff). Je me suis procuré cette variété par l'entremise de M. Deconinck, en Danemark, pays d'où les Allemands le tirent.

Il était également utile d'essayer, à côté du Square head deux de nos meilleures variétés résistantes : le blé roseau et le blé rouge inversable de Bordeaux qui donne d'excellents résultats dans notre région.

III. *Essais sur 22 variétés de blés.* — Un triangle de 5 ares restait à l'extrémité du champ. Je le divisai en 22 parcelles et l'y semai, sans engrais, 22 variétés de blé qui m'avaient été envoyées par M. Vilmorin.

Cet essai est destiné à faire connaître quelles sont les variétés qui peuvent le mieux réussir dans le terrain en expérience. Celles qui auront donné les meilleurs résultats seront expérimentées en 1886-87.

IV. *Essais de sélection.* — Des essais de sélection seront faits, comme je l'ai dit plus haut, sur la variété qui aura donné les meilleurs résultats, et sur le blé blanc d'Armentières.

Semailles. — Le champ du Calvaire de Noyelles avait porté l'an dernier des betteraves. Il était donc libre en novembre. Après avoir fait le tracé des carrés, j'ai fait immédiatement mettre le fumier à la dose de 20,000 k. à l'hectare, sur les parcelles 61 à 69 et 40,000 k. à l'hectare sur les carrés 70 à 78.

Ce fumier a été enfoui par un labour ordinaire immédiatement après. On a labouré le reste du champ, on a semé partout les phosphates précipités. Ces engrais ont été enfouis à l'extirpateur ; et 15 jours après (afin de ne pas brûler les plantes aux endroits ou de fortes doses avaient été mises), on a semé le blé. Cette opération s'est effectuée le 20 décembre 1885.

Cette époque, bien tardive, aurait pu être fort préjudiciable à la réussite des semis, surtout à la suite de l'hiver relativement rigoureux que nous avons traversé. Heureusement, il n'en a rien été. Le blé a germé sous la neige, par laquelle il a été préservé, et à part certaines variétés délicates, qui auraient demandé à être semées plus tôt, tous les blés avaient assez belle apparence à la sortie de l'hiver.

Végétation des six variétés de blés. — L'époque tardive de la semaille avait été la cause de l'aspect peu luxuriant que présentaient au printemps les deux variétés de Hallett, qui demandent a être semées tôt. Mais au printemps ces deux variétés ont tallé fortement, et ont facilement comblé les vides formés par l'hiver.

Les autres variétés avaient peu souffert, et au 1er Juin, le champ était régulier et en pleine végétation.

Nous donnerons plus loin des détails sur la végétation et sur la valeur des différentes variétés expérimentées.

Effet des engrais sur les six variétés pendant la végétation. — Le nitrate, comme il fallait s'y attendre, a produit un effet marqué dès le mois de Mai.

L'effet de l'acide phosphorique a commencé en Mai, pour devenir très sensible en Juin, et très marquant à la fin de ce même mois. Le superphosphate donnait peut-être une légère différence en sa faveur, mais comme on le verra plus loin, ce n'est qu'au battage qu'il montrera sa supériorité incontestable

En Juin et Juillet, on pouvait déjà supposer que les doses exagérées d'engrais ne donneraient dans la majorité des cas aucun résultat économique.

Récolte. — La récolte s'est faite pour chaque blé a maturité. Plus loin, on verra quels sont les variétés les plus précoces.

Chaque carré a été coupé séparément, et chaque gerbe a été munie du numéro du carré où elle a été récoltée. Cette précaution a permis d'emmagasiner les produits de tous les carrés, sans craindre de les mélanger.

En octobre et novembre, la récolte bien sèche, fut pesée. Le grain battu au fléau, puis vanné.

Le poids du grain, pour chaque carré, diminué de celui des gerbes, fournit le chiffre représentant la paille et les balles.

Résultats. — Les deux tableaux qui suivent résument les résultats obtenus au champ de Noyelles.

Le tableau n° 1 donne les produits en kilogrammes à l'hectare, et le tableau n° 2 les produits bruts en argent, en grain et en paille, ainsi que les produits nets (produit brut du grain et de la paille, diminué de la valeur des engrais) et la différence du produit net de chaque parcelle avec la parcelle sans engrais qui sert de témoin.

On ne pouvait, dans ces calculs, donner le même prix au grain et à la paille de toutes les variétés, aussi, a-t-on estimé ces facteurs importants ; voici les chiffres de ces estimations, qui ont servi de base aux calculs du tableau n° 2.

	POIDS DU GRAIN à l'hectolitre	VALEUR DU GRAIN à l'hectolitre (estimée).	VALEUR DU GRAIN aux 100 kilog (calculée).	VALEUR DE LA PAILLE aux 100 kilog. (estimée)
Blé blanc (provenance Masclef)	80 kil.	18 fr. »	22 fr 50	32 fr.
Blé Standup.	80 »	17 » 50	21 » 87	30 »
Blé Nursery Hallett . .	76 »	15 » 50	20 » 40	26 »
Blé Goldendrop Hallett	77 »	15 » 00	19 » 50	26 »
Blé Aleph Vilmorin . .	75 »	16 » 00	21 » 33	26 »
Blé blanc anglais velouté	80 »	18 » 00	22 » 50	26 »

CHAMP DE NOYELLES

TABLEAU N° 1.

ÉTAT DES RENDEMENTS EN GRAIN ET EN PAILLE

(Les rendements sont exprimés au kil. et ramenés à l'hectare).

ENGRAIS employés à l'hectare.	NOMBRE de kil. d'engrais.	BLANC DE BERGUES (provenance Masclef)			STANDUP (provenance Deconinck)			NURSERY HALLETT (provenance Deconinck)			GOLDENDROP HALLETT (provenance Deconinck)			BLANC ANGLAIS velouté épi carré. (proven. Deconinck).			ALEPH (provenance Vilmorin)			MOYENNES		Moyennes des trois meilleurs blés.	Blanc de Bergues, Standap. Blanc anglais	
		N°s des parcelles.	Grain.	Paille.	N°s des parcelles.	Grain.	Paille.	N°s des parcelles.	Grain.	Paille.	N°s des parcelles.	Grain.	Paille.	N°s des parcelles.	Grain.	Paille.	N°s des parcelles.	Grain.	Paille.	Grain	Paille.	Grain.	Paille.
Phosphates seuls ... {	900	1	3700	6300	2	3050	5550	3	2700	6700	4	3500	6500	5	3600	6250	6	2850	6100	3333	6233	3650	6033
	1800	7	4100	7900	8	3700	6300	9	2900	6900	10	3900	6200	11	3900	6300	12	3900	6100	3733	6616	3900	6333
Superphosphates seuls {	600	13	3800	7700	14	3800	6200	15	2750	7650	16	3850	6650	17	3850	6550	18	3150	6050	3516	6550	3850	6816
	1200	19	4100	7800	20	4100	6300	21	2900	8200	22	3750	6650	23	4000	7200	24	3200	7000	3658	7291	4066	7300
Phosphates précipités {	115	25	3600	6900	26	3400	6900	27	2700	6900	28	3500	6500	29	3500	6300	30	3000	6300	3316	6500	3566	6433
	230	31	3800	7000	32	3700	6400	33	3000	7000	34	3550	6450	35	3500	6500	36	3200	6200	3550	6758	3766	6966
200 k. { Phosphates.	900	37	3800	8100	38	4050	7550	39	2800	7200	40	3500	6500	41	3900	7200	42	3200	7100	3550	7275	3950	7616
+ { Superphosphates	600	43	4100	7900	44	4300	8100	45	2800	7200	46	3800	6400	47	4300	8000	48	3800	7300	3800	7483	4233	8000
Nitrate { Phosphates précipités	115	49	3700	7700	50	4150	7650	51	2800	7200	52	3600	7400	53	3800	7500	54	3300	7100	3570	7458	3916	7683
Sans engrais ...		55	3500	6300	56	3600	6100	57	2600	6600	58	3200	6100	59	3600	6300	60	2700	6000	3200	6383	3566	6233

CHAMP DE

CALCUL DU PRODUIT BRUT ET DU PRODUIT NET POUR C

(Le produit net a été obtenu en retranchant la valeur d

ENGRAIS employés à l'Hectare.		Dépense en Engrais	N° des parcelles	BLÉ BLANC DE BERGUES (provenance Maselef).				N° des parcelles	STANDUP (provenance Deconinck).				N° des parcelles	NURSERY HALLETT (provenance Deconinck).				N° des parcelles
				Produit brut en argent à l'Hectare.		Produit net en argent à l'hectare	Différence sur la parcelle sans engrais par hectare.		Produit brut en argent à l'hectare		Produit net en argent à l'hectare	Différence sur la parcelle sans engrais par hectare.		Produit brut en argent à l'hectare		Produit net en argent à l'hectare	Différence sur la parcelle sans engrais par hectare.	
				Grain	Paille				Grain	Paille				Grain	Paille			
Phosphates seuls	900 k.	36	1	832.50	201	997.50	+ 8	2	798.»»	166	928.50	— 42.50	3	551.»»	174	689.»»	— 13	4
	1800 k.	72	7	922.50	253	1103.50	+ 114	8	809.»»	189	926.»»	— 44	9	592.»»	179	699.»»	— 3	10
Superphosphates	600 k.	36	13	855.»»	246	1065.»»	+75.50	14	831.»»	186	981.»»	+ 11	15	564.»»	199	724.»»	+ 22	16
	1200 k.	72	19	922.50	250	1100.50	+ 111	20	897.»»	207	1032.»»	+ 62	21	571.»»	213	712.»»	+ 10	22
Phosphates précipités	115 k.	36	25	743.»»	221	928.»»	—61.50	26	744.»»	180	888.»»	— 82	27	551.»»	179	694.»»	— 8	28
	230 k.	72	31	855.»»	253	1036.»»	+46.50	32	809.»»	195	932.»»	— 38	33	612.»»	182	722.»»	+ 20	34
200 k. Nitrate + { Phosphates 900 k.		89	37	877.50	259	1047.50	+ 58	38	886.»»	226	1023.50	+53.50	39	571.»»	187	669.»»	— 33	40
Superphosphates 600 k.		89	43	922.50	253	1086.50	+ 97	44	940.»»	243	1094.»»	+ 124	45	571.»»	187	669.»»	— 33	46
Phosphates précipités 115 k.		89	49	832.50	246	989.50	»	50	908.»»	235	1054.50	+84.50	51	571.»»	187	669.»»	— 33	52
Sans engrais		»»	55	787.50	202	989.50	»	56	787.»»	183	970.»»	»	57	530.»»	172	702.»»	»	58

NOYELLES

...QUE VARIÉTÉ DE BLÉ ET POUR CHAQUE BANDE D'ENGRAIS

(...ngrais de la valeur totale du produit brut, grain et paille.)

	...NDROP HALLETT (...nance Decooinck).			BLANC ANGLAIS VELOUTÉ épi carré (provenance Deconinck).					HYBRIDE ALEPH (provenance Vilmorin)					MOYENNES GÉNÉRALES				Moyennes des trois meilleurs blés.			Blanc de Bergues Standup. Blanc anglais.	
...brut ...nt ...re Paille	Produit net en argent à l'hectare	Différence sur la parcelle sans engrais par hectare.	N° des parcelles	Produit brut en argent à l'hectare Grain / Paille		Produit net en argent à l'hectare	Différence sur la parcelle sans engrais par hectare.	N° des parcelles	Produit brut en argent à l'hectare Grain / Paille		Produit net en argent à l'hectare	Différence sur la parcelle sans engrais par hectare.		Produit brut en argent à l'hectare	Produit net en argent à l'hectare	Différence sur la parcelle sans engrais à l'hectare.		Produit brut en argent à l'hectare Grain / Paille		Produit net en argent l'hectare	Différence sur la parcelle sans engrais à l'hectare
169	815.50	+25.50	5	810.»»	162	986.50	—37.50	6	608.»»	159	731.»»	—1	712	172	848	—9	813.50	177	954.5	—23.5
161	791.»»	+1	11	877.50	164	969.50	—4.50	12	640.»»	159	727.»»	—5	754	183	865	+8	869.»»	200	997.»	+19
181	857.»»	+67	17	889.»»	170	1023.»	+59	18	672.»»	157	793.»»	+61	751	189	904	+47	853.»»	200	1022.»	+44
173	832.»»	+42	23	900.»»	187	1015.»	+51	24	683.»»	182	793.»»	+61	781	202	911	+54	906.»»	214	1048.»	+70
169	815.50	+25.50	29	832.50	166	962.50	—11.50	30	640.»»	164	768.»»	+36	708	180	852	—5	795.»»	189	948.»	—30
168	788.»»	—2	35	855.»»	169	952.»»	—22	36	683.»»	161	772.»»	+40	747	187	862	+5	839.»»	204	971.»	—7
169	762.50	—27.50	41	877.50	187	975.50	+1.50	42	683.»»	185	779.»»	+47	760	201	872	+15	880.»»	223	1014.»	+36
166	818.»»	+28	47	967.50	208	1086.50	+112.5	48	810.»»	190	911.»»	+179	811	207	929	+72	943.50	235	1089.5	+111.5
192	805.»»	+15	53	877.50	195	983.50	+9.50	54	704.»»	185	800.»»	+68	762	206	879	+22	873.»»	225	1009.»	+31
166	790.»»	»	59	810.»»	164	974.»»	»	60	576.»»	156	732.»»	»	683	174	857	»	795.»»	183	978.»	»

VÉGÉTATION DES SIX VARIÉTÉS

Blé blanc. — Levée satisfaisante — Bon après l'hiver et en Mai — Regagne les autres en juin — Epiage satisfaisant — Bonne maturation — Légèrement fatigué par l'orage du 19 juillet dans les bandes nitratées.

Récolté dans de bonnes conditions — Epi blanc allongé — Grain allongé, rempli, très farineux — Poids à l'hectolitre : 80 kilos — Paille blanche abondante et de bonne qualité.

Blé Standup. — Levée bonne — Magnifique après l'hiver — En mai et juin très beau et avancé en végétation — Epiage excellent — Résiste à l'orage du 19 juillet — Récolté dans de bonnes conditions — Epi jaune bien rempli — Grain très gros et de première qualité, farineux et pesant 80 kilos l'hectolitre — Paille blanche, raide mais petite.

Blé Nursery Hallett. — Levée mauvaise, par suite d'un semis fait à une époque trop tardive — Après l'hiver, de nombreux vides ; semble ne pas devoir donner de récolte — Au printemps, tallage extraordinaire — Au 16 mai couvre le sol. — Au 1er juin paraît en retard sur les autres. — Au 16 juin, devient régulier dans sa croissance — Epiage satisfaisant — Floraison laissant à désirer — En juillet taille élevée, et promet bien — Résiste assez bien à l'orage du 19 — Récolté dans de bonnes conditions — Epi blanc très long — Grain roux, long, rempli, et d'assez bonne qualité pesant 76 kil. l'hectolitre — Paille forte mais légère.

Goldendrop Hallett. — Levée laissant à désirer — Très faible après l'hiver — Talle énormément après l'hiver. — Au 16 mai couvre le sol ; Très bel aspect ; Végétation plus régulière que chez le Nursery — En juin, épiage régulier — En juillet bonne maturation — Légèrement fatigué par l'orage du 19 dans les bandes nitratées — Récolté dans de bonnes conditions — Epi doré bien rempli — Grain roux, assez rond, d'assez bonne qualité — Poids 77 kil. l'hectolitre — Paille abondante et de bonne qualité.

Blanc anglais velouté, épi carré. — Levée très bonne — Résiste bien à la gelée — Magnifique après l'hiver. — Se maintient en mai. — Au 1er juin, les tiges semblent un peu faibles — Elles se raidissent en juin — Epiage excellent. — Résiste bien à l'orage du 19 juillet. — Récolté dans de bonnes conditions — Epi carré bien plein et velouté — Grain blanc, rond de très bel aspect, farineux de 1re qualité, pesant 80 kil. l'hectolitre — Paille raide et de moyenne qualité.

Blé hybride Aleph. — Levée satisfaisante — Assez faible après l'hiver — Tallage bon. — Au 16 mai promet bien — Feuillage glauque du blé bleu de Noë. — Au 1er juin, végétation assez belle, — En juin, quelques feuilles jaunissent. — En juillet, la végétation semble reprendre — Très fatigué par l'orage du 19 — Récolté dans de bonnes conditions — Epi blanc assez long. — Grain blanc, beau et assez plein et farineux, mais très léger — Poids 75 kil. l'hectolitre. — Paille molle et peu résistante.

RÉSULTATS DES ESSAIS DU SYSTÈME ALLEMAND

Le tableau n° 4 résume les rendements en grain et en paille des 18 carrés destinés à l'essai du système allemand, qui consiste à fumer le blé à haute dose, en faisant usage des variétés résistantes, et à ne donner à la betterave qui suit que des engrais de commerce.

Je n'ai pas cru devoir faire suivre ce tableau d'un état des produits nets obtenus pour chaque blé, et pour chaque bande d'engrais, comme je l'ai fait pour les essais précédents, d'abord par suite de la nécessité de donner un prix au fumier, ensuite, parcequ'il s'agit d'un essai de 2 ans de durée dont on ne pourra faire le compte qu'à la prochaine récolte de betteraves.

TABLEAU N° 3.
CHAMP DE NOYELLES (Système allemand).
ÉTAT DES RENDEMENTS

	ENGRAIS EMPLOYÉS	BLÉ DE BORDEAUX rouge inversable.			BLÉ Square Head danois. épi carré.			BLÉ Roseau épi carré			MOYENNES.	
		N°s	Grain	Paille.	N°s	Grain	Paille.	N°s	Grain	Paille	Grain	Paille
			kil.	kil.		kil.	kil		kil.	kil.	kil.	kil.
DOSE SIMPLE	Fumier 20 000 k. Phosphate naturel 900 k. Nitrate 200 k.	61	4250	7050	63	4200	9800	62	3800	7200	4083	8016
	Fumier 20 000 k. Superphosphate 600 k. Nitrate 200 k.	64	5100	7300	66	4600	10000	65	3900	7300	4533	8200
	Fumier 20 000 k. Phosphate précipité 115 k. Nitrate 200 k.	67	5100	6000	69	3900	9100	60	4200	7200	4400	7733
DOSE DOUBLE	Fumier 40.000 k. Phosphate naturel 1.800 k. Nitrate 400 k.	70	3800	7400	72	3900	8100	71	4000	8400	3900	7966
	Fumier 40.000 k. Superphosphate 1.200 k. Nitrate 400 k.	73	4300	8100	75	4600	8200	74	4600	7200	4500	7833
	Fumier 40 000 k. Phosphates précipités 230 k. Nitrate 400 k.	76	4200	7000	78	5200	8000	77	4100	7700	4500	7566

VÉGÉTATION DES TROIS BLÉS EMPLOYÉS DANS L'EXPÉRIMENTATION DU SYSTÈME ALLEMAND

Blé de Bordeaux. — Levée bonne — Résiste bien au froid — Belle végétation au printemps — Tallage très modéré. — Au 19 juillet, un tiers est couché par l'orage dans les bandes à doses doubles d'engrais — Les bandes à doses simples résistent mieux — Epiage précoce — Bonne maturation — Récolté dans de bonnes conditions — Epi roux lourd bien rempli — Grain abondant mais de qualité secondaire — Poids à l'hectolitre 77 kil. — Paille assez raide, mais ne résistant pas aux fortes fumures.

Blé Roseau. — Levée bonne — Résiste à la gelée — Promet beaucoup au printemps. — En juin, végétation magnifique. — Le 19 juillet, fatigué légèrement par l'orage — Remis le 23 — Bonne maturation — Récolté dans de bonnes conditions — Epi carré, blanc, bien rempli — Grain blanc allongé de bonne qualité — Poids à l'hectolitre 78 kil. — Paille haute, raide et d'assez bonne qualité.

Blé Shireff Square head danois. — Levée bonne — Bon après l'hiver — Tallage presque nul — Végétation très luxuriante — Tiges basses, raides et fortes — En retard pour l'épiage dans les bandes à haute dose d'engrais — Insolation pendant la maturation — La récolte s'est cependant faite dans de bonnes conditions — Epi carré large mais peu rempli — Grain petit et ridé — Farine de qualité secondaire — Poids à l'hectolitre 74 kil. — Paille courte, raide et de qualité inférieure.

CHAMP DE LOISON

Ainsi qu'on l'a vu plus haut, M. Masclef mit à ma disposition un second champ sur le territoire de Loison, situé à l'embranchement de la route de Lens à Carvin et du chemin des Croix venant de Loison.

Le sol est argilo-siliceux, mais plus argileux que celui de Noyelles ; Il n'est pas en aussi bon état de culture que ce dernier, n'étant cultivé par M. Masclef que depuis quelques années. Il venait de porter des betteraves.

Les essais ont été exactement les mêmes qu'à Noyelles ; la disposition des carrés était identique aussi.

Dans ces conditions, je crois qu'il n'est pas nécessaire d'entrer dans des détails qui ont été donnés plus haut, sur les essais entrepris, les semences et les engrais employés, les semailles, la végétation, la récolte qui s'est faite dans de bonnes conditions, etc.

Les tableaux nos 4, 5 et 6 résument les résultats.

TABLEAU N° 4.

CHAMP DE LOISON

ÉTAT DES RENDEMENTS EN GRAIN ET EN PAILLE

(Les rendements sont exprimés en kil. et ramenés à l'hectare).

ENGRAIS employés à l'hectare.	NOMBRE de kil. d'engrais.	BLANC DE BERGUES (provenance Masclef).			STANDUP (provenance Deconinck).			NURSERY HALLETT (provenance Deconinck).			GOLDENDROP HALLETT (provenance Deconinck).			BLANC ANGLAIS velouté épi carré (proven. Deconinck).			ALEPH (provenance Vilmorin).			MOYENNES		Moyennes des trois meilleurs lots. (Blanc de Bergues, Standup, Blanc anglais)	
		N°s des parcelles.	Grain.	Paille.	N°s des parcelles.	Grain.	Paille.	N°s des parcelles.	Grain.	Paille.	N°s des parcelles.	Grain.	Paille.	N°s des parcelles.	Grain.	Paille.	N°s des parcelles.	Grain.	Paille.	Grain.	Paille.	Grain.	Paille.
Phosphates seuls {	900	1	3600	6300	2	3500	5900	3	2400	6800	4	3300	6100	5	2900	7000	6	3500	6500	3150	6283	3233	6300
	1 800	7	3900	6100	8	3600	6100	9	2550	6850	10	3400	6400	11	2900	6900	12	3900	6950	3308	6501	3433	6566
Superphosphates seuls {	600	13	4000	6100	14	3750	6450	15	2600	6800	16	3500	6500	17	3000	6800	18	3750	6550	3433	6600	3583	6550
	1 200	19	4200	6200	20	4200	6400	21	2750	6850	22	3600	6250	23	3150	6650	24	3800	6700	3633	6533	3850	6483
Phosphates précipités {	115	25	3600	6400	26	3500	6300	27	2450	6750	28	3200	6300	29	2800	6800	30	3400	6600	3175	6558	3400	6500
	230	31	3750	6650	32	3600	6400	33	2550	6450	34	3400	6200	35	3300	6800	36	3650	6550	3325	6475	3450	6550
900 k. { Phosphates. Superphosphates. Phosphates précipités. } + Nitrate	900	37	4000	6000	38	3850	6000	39	2800	6800	40	3500	6300	41	3300	6700	42	3400	7200	3558	6541	3750	6316
	600	43	4400	6200	44	4250	6150	45	3000	7000	46	3750	6250	47	3900	6650	48	4000	7200	3883	6566	4083	6316
	115	49	3750	6650	50	4000	6200	51	2750	7100	52	3400	6100	53	3250	6750	54	3900	7200	3550	6733	3666	6533
Sans engrais		55	3400	6000	56	3300	5900	57	2200	6600	58	3000	6000	59	2500	6500	60	3150	6250	2958	6041	2966	6133

TABLEAU N° 5.

CHAMP DE LOISON

CALCUL DU PRODUIT BRUT ET DU PRODUIT NET POUR CHAQUE VARIÉTÉ DE BLÉ ET POUR CHAQUE BANDE D'ENGRAIS

(Le produit net a été obtenu en retranchant la valeur des engrais de la valeur totale du produit brut, grain et paille.)

ENGRAIS employés à l'hectare	Dépense en engrais	BLÉ BLANC DE BURGUES (provenance Masuré)			STANDUP (provenance Desonieck)			NURSERY HALLETT (provenance Desonieck)			GOLDENDROP HALLETT (provenance Desonieck)			BLANC ANGLAIS VELOUTÉ épi carré (provenance Desonieck)			HYBRIDE ALEPH (provenance Vilmorin)			MOYENNES GÉNÉRALES			Réprise des blés meilleurs	Blanc de Flandre Standup
		Produit brut en argent à l'hectare (Grain/Paille)	Produit net en argent à l'hectare	Différence sur la parcelle sans engrais par hectare	Produit brut (Grain/Paille)	Produit net en argent à l'hectare	Différence sur la parcelle sans engrais par hectare	Produit brut en argent (Grain/Paille)	Produit net en argent à l'hectare	Différence sur la parcelle sans engrais par hectare	Produit brut en argent à l'hectare	Produit net en argent	Différence sur la parcelle sans engrais par hectare	Produit brut en argent à l'hectare	Produit net en argent	Différence sur la parcelle sans engrais par hectare	Produit brut en argent à l'hectare	Produit net en argent	Différence sur la parcelle sans engrais par hectare	Produit brut en argent à l'hectare	Produit net		
Phosphates seuls																								
Superphosphates seuls																								
Phosphates précipités																								
Phosphates + Nitrate																								
Sans engrais																								

TABLEAU N° 6.

CHAMP DE LOISON (Système Allemand).

ÉTAT DES RENDEMENTS

	ENGRAIS EMPLOYÉS	BLÉ DE BORDEAUX rouge inversable.			BLÉ Square Head danois épi carré.			BLÉ ROSEAU épi carré.			MOYENNES.	
		N°s	Grain	Paille	N°s	Grain	Paille	N°s	Grain	Paille	Grain	Paille
			kil.	kil.		kil.	kil.		kil.	kil.	kil.	kil.
DOSE SIMPLE	Fumier 20.000 k. Phosphate naturel 900 k. Nitrate 200 k.	61	4200	7200	63	4200	5600	62	3800	6600	4066	6466
	Fumier 20.000 k. Superphosphate 600 k. Nitrate 200 k.	64	4600	7200	66	4400	6000	65	4150	6850	4383	6683
	Fumier 20.000 k. Phosphate précipité 115 k. Nitrate 200 k.	67	4400	7200	69	4100	6100	68	3500	6900	4000	7733
DOSE DOUBLE	Fumier 40.000 k. Phosphate naturel 1.800 k. Nitrate 400 k.	70	4500	8500	72	4400	7200	71	4200	8000	4366	7900
	Fumier 40.000 k. Superphosphate 1.200 k. Nitrate 400 k.	73	4800	8600	75	4800	7400	74	4600	8400	4733	8133
	Fumier 40.000 k. Phosphates précipités 230 k. Nitrate 400 k.	76	4400	8800	78	4350	7650	77	4000	8400	4250	8283

CHAMP DE VAULX-VRAUCOURT

M. Joachim Lefebvre, de Vaulx-Vraucourt, me fournit un terrain de 41 ares de terre argileuse, située contre la route d'Ecoust-St-Mein à Vaulx, au lieu dit la Fouchette d'Ecoust.

Cette terre venait de porter des betteraves porte-graines sur fumier.

Vingt-cinq ares furent consacrés aux essais de blés d'hiver et quinze ares réservés aux cultures de printemps.

La conformation très irrégulière du champ, était peu favorable à l'établissement de carrés d'essais. Beaucoup de terrain fut ainsi perdu. D'un autre coté, je tenais pour une première année d'expérimentation à multiplier les essais, qui devaient me fournir les jalons nécessaires aux expériences futures.

Les parcelles ne furent donc que de 50 centiares et, par suite de la disposition du champ, les essais d'engrais ne furent complets que pour deux espèces de blé : le Square Héad épi carré, et le blé Roseau.

Le fumier fut enfoui par le labour, les phosphates et superphosphates à l'extirpateur 15 jours avant la semaille, le nitrate épandu au printemps.

Les semailles eurent lieu le 15 décembre dans d'assez bonnes conditions.

La végétation a été normale, quoique les blés des parcelles à fumier aient eu à souffrir de l'insolation. La récolte s'est faite le 6 août 1886 pour les différentes variétés, dans de bonnes conditions.

Les tableaux suivants donnent les résultats du battage.

TABLEAU N° 7.

CHAMP DE VAULX-VRAUCOURT

ÉTAT DES RENDEMENTS EN GRAIN ET EN PAILLE

(Les rendements sont exprimés en kil. et ramenés à l'hectare).

ENGRAIS EMPLOYÉS A L'HECTARE		BLÉ SQUARE HEAD épi carré			BLÉ ROSEAU épi carré			BLÉ ROUGE INVERSABLE de Bordeaux			BLÉ NURSERY HALLETT			BLÉ ALEPH (Vilmorin)			BLÉ ROUX de Bourbourg (Lefèvre)		
		N°* des par-cel-les	Grain.	Paille.	N°* de par-cel-les	Grain.	Paille.	N°* des par-cel-les	Grain.	Paille.	N°* des par-cel-les	Grain.	Paille.	N°* des par-cel-les	Grain.	Paille.	N°* des par-cel-les	Grain.	Paille.
Sans engrais		50	2000	6000	49	3400	4600	48	2500	7700	42	2400	7630	41	2000	6140	31 bis	3000	9000
Fumier	Phosph. nat. 1800 k. Nit. 400k.	46	3000	9000	47	3200	3200	43	2600	7800	40	2600	7800	32	2200	6600	31	3000	8600
30.000 k.	Superphosp. 1200 k. Nit. 400k.	45	3000	9000	44	3200	9600	39	2600	7900	33	2400	7200	29	2000	5630	30	2800	8000
	Phosph. pr. 230 k. Nit. 400k.	37	2800	8400	33	3000	9000	31	2400	7200	28	2000	6200	20	2400	6300	19	2600	6600
Phosphate naturel	900 kil.	36	2400	7600	35	2600	8200	27	2000	6100	24	2400	6300	19	2000	5600	18	2600	7000
Phosphate naturel	1800 kil.	25	3000	9000	26	3600	9200	22	2200	6100	16	2400	6200	17	2000	6300			
Superphosphate	620 kil.	24	2400	7200	23	2400	8100	15	2100	6300	9	1800	5400	8	1600	4800	7	2200	6200
Superphosphate	1200 kil.	13	2600	7200	14	2700	8200	10	2100	6300	4	2200	6600	5	2000	6000	6	2600	7400
Phosphate précipité	115 kil.	12	2200	6630	11	2100	7200	3	2200	6600									
Phosphate précipité	230 kil.	1	2600	7800	2	2400	8400												

TABLEAU N° 8.

CHAMP DE VAULX-VRAUCOURT

CALCUL DU PRODUIT BRUT ET DU PRODUIT NET

Le produit net a été obtenu en retranchant la valeur des engrais, de la valeur totale du produit brut, grain et paille.

ENGRAIS employés à l'Hectare.	Dépenses en Engrais.	N° des parcelles	BLÉ SQUARE HEAD épi carré (provenance Deconinck)				N° des parcelles	BLÉ ROSEAU épi carré (provenance Deconinck)			
			Produit brut en argent à l'hectare		Produit net en argent à l'hectare	Différence sur la parcelle sans engrais par hectare		Produit brut en argent à l'hectare		Produit net en argent à l'hectare	Différence sur la parcelle sans engrais par hectare
			Grain	Paille				Grain	Paille		
Sans engrais . . .	»»	50	444.»»	150	594.»»	»	49	697.»»	129	826.»»	»
Phosphates naturels. . 900 k.	36	36	533.»»	190	687.»»	+ 93	35	533.»»	230	727.»»	— 99
Phosphates naturels. . 1800 k.	72	25	667.»»	225	820.»»	+ 226	26	738.»»	258	924.»»	+ 98
Superphosphates . . 600 k.	36	24	533.»»	180	679.»»	+ 85	23	492.»»	190	646.»»	— 180
Superphosphates . . 1200 k.	72	13	578.»»	180	686.»»	+ 92	14	553.50	227	708.50	—118.5
Phosphates précipités. 115 k.	36	12	489.»»	165	618.»»	+ 24	11	492.»»	202	658.»»	— 168
Phosphates précipités. 230 k.	72	1	578.»»	195	701.»»	+ 117	2	574.»»	235	737.»»	— 89

CHAMP DE LONGUENESSE

Le champ de Longuenesse, situé près de la route de Longuenesse à St-Martin-au-Laert, était une terre argilo-siliceuse de bonne qualité après avoine fumée.

La disposition des essais était exactement la même qu'à Noyelles et à Loison.

Les engrais étaient les mêmes. Cependant dans l'expérimentation du système allemand, le fumier fut remplacé par du tourteau de colza des Indes ; quant aux variétés de blés, le blé blanc fut remplacé par le blé Prince-Albert, cultivé et fourni par M. Platiau.

Les tourteaux et les engrais phosphatés furent enfouis à l'extirpateur, le nitrate, mis en couverture au printemps.

Les semailles eurent lieu le 17 décembre dans des conditions moyennes.

La végétation fut bonne pour toutes les variétés. L'hiver fit cependant beaucoup de mal aux deux variétés de Hallett, qui, comme à Noyelles et Loison, tallèrent beaucoup au printemps et comblèrent les vides.

Le blé de Bordeaux, le Square Héad et le Roseau furent récoltés le 10 août.

Le Prince-Albert et le blanc Anglais velouté, le 11 août.
Le Goldendrop et le Standup, le 13 août.
Le blé Aleph, le 17 août.
Le Mursery, le 18 août.
Les tableaux 9, 10 et 11 donnent les résultats du battage.

TABLEAU N° 9.

CHAMP DE LONGUENESSE
ÉTAT DES RENDEMENTS EN GRAIN ET EN PAILLE
(Les rendements sont exprimés en kil. et ramenés à l'hectare).

ENGRAIS employés à l'hectare.	NOMBRE de kil. d'engrais.	BLÉ PRINCE-ALBERT (Phifon).			BLÉ STANDUP			BLÉ NURSERY HALLETT			BLÉ GOLDENDROP HALLETT			BLÉ ALEPH (Vilmorin).			BLÉ BLANC ANGLAIS velouté, paille rouge.			MOYENNES	
		N°s des parcelles.	Grain.	Paille.	N°s des parcelles.	Grain.	Paille.	N°s des parcelles.	Grain.	Paille.	N°s des parcelles.	Grain.	Paille.	N°s des parcelles.	Grain.	Paille.	N°s des parcelles.	Grain.	Paille.	Grain.	Paille.
Phosphates naturels	900	1	2816	5400	2	2400	4600	3	1876	4800	4	2704	4800	5	2636	5400	6	2384	5000	2469	5000
	1800	7	2520	5000	8	2112	3800	9	1736	4600	10	2524	4200	11	2220	4400	12	2288	4800	2233	4466
Superphosphates	600	13	2280	4000	14	1924	3800	15	1488	4400	16	2152	4200	17	2280	4200	18	2460	4600	2098	4200
	1200	19	1960	4200	20	1448	3080	21	1448	4200	22	2320	4200	23	2252	4400	24	2292	4400	1953	4080
Phosphates précipités	115	25	1436	4600	26	2080	4600	27	1708	4800	28	2592	5000	29	2360	4400	30	2492	4400	2161	4633
	230	31	1480	4600	32	2040	4600	33	1756	4600	34	2800	4600	35	2240	4600	36	3072	5400	2231	4733
Nitrate 200 k. { Phosphates natur. + Superphosphates. + Phosphates précipités	900	37	2776	6400	38	2460	5600	39	1880	5800	40	2772	5200	41	2980	6600	42	2744	7000	2632	6100
	600	43	2820	6000	44	2654	5400	45	2108	5600	46	3280	5400	47	2840	5800	48	3048	7200	2796	5900
	115	49	3368	6400	50	3068	5600	51	2028	5600	52	3340	5600	53	3032	5800	54	2480	6400	2869	5900
Sans engrais		55	2744	5200	56	2752	5200	57	1690	4200	58	2588	4400	59	2320	4400	60	2288	4600	2397	4666

TABLEAU N° 10.

CHAMP DE LONGUENESSE

CALCUL DU PRODUIT BRUT ET DU PRODUIT NET POUR CHAQUE VARIÉTÉ DE BLÉ ET POUR CHAQUE BANDE D'ENGRAIS

(Le produit net a été obtenu en retranchant la valeur des engrais de la valeur totale du produit brut, grain et paille.)

ENGRAIS employés à l'hectare	Dépense en Engrais	N° des parcelles	BLÉ PRINCE-ALBERT (provenance Platius)			N° des parcelles	BLÉ STANDUP (provenance Desminck)			N° des parcelles	BLÉ NURSERY HALLETT (provenance Desminck)			N° des parcelles	BLÉ GOLDENDROP HALLETT (provenance Desminck)			N° des parcelles	BLÉ HYBRIDE ALEPH (provenance Vilmorin)			N° des parcelles	BLÉ BLANC ANGLAIS VELOUTÉ épi carré (provenance Desmieux)			MOYENNES GÉNÉRALES		
			Produit brut en argent à l'hectare (Grain / Paille)	Produit net en argent à l'hectare	Différence sur la parcelle sans engrais par hectare		Produit brut en argent à l'hectare (Grain / Paille)	Produit net en argent à l'hectare	Différence sur la parcelle sans engrais par hectare		Produit brut en argent à l'hectare (Grain / Paille)	Produit net en argent à l'hectare	Différence sur la parcelle sans engrais par hectare		Produit brut en argent à l'hectare (Grain / Paille)	Produit net en argent à l'hectare	Différence sur la parcelle sans engrais par hectare		Produit brut en argent à l'hectare (Grain / Paille)	Produit net en argent à l'hectare	Différence sur la parcelle sans engrais par hectare		Produit brut en argent à l'hectare (Grain / Paille)	Produit net en argent à l'hectare	Différence sur la parcelle sans engrais par hectare	Produit brut en argent à l'hectare	Produit net en argent à l'hectare	Différence sur la parcelle sans engrais par hectare
Phosphates seuls {900 k. / 1800 k.}	36 / 72	1 / 7	603 / 504 — 140 / 130	767 / 652	−14 / −199	2 / 8	525 / 462 — 138 / 114	627 / 504	−131 / −294	3 / 9	383 / 334 — 125 / 120	472 / 402	+18 / −90	4 / 10	527 / 492 — 125 / 109	616 / 579	−3 / −90	5 / 11	562 / 473.50 — 140 / 114	666 / 513.50	+57 / −93.50	6 / 12	536 / 515 — 130 / 125	630 / 568	−5 / −67	531 / 481	633 / 528	−11 / −112
Superphos-phates seuls {600 k. / 1200 k.}	30 / 72	13 / 19	537 / 462 — 104 / 100	605 / 499	−170 / −362	14 / 20	421 / 317 — 114 / 92	499 / 337	−130 / −421	15 / 21	308.50 / 295 — 114 / 100	381.50 / 332	−76.50 / −126	16 / 22	420 / 452 — 100 / 109	493 / 489	−126 / −130	17 / 23	486 / 490 — 109 / 114	559 / 522	−50 / −87	18 / 24	503.50 / 516 — 120 / 114	657.50 / 588	+2.50 / −77	452 / 420	528 / 509	−112 / −152
Phosphates précipités {115 k. / 230 k.}	36 / 72	25 / 31	388 / 349 — 120 / 120	422 / 397	−350 / −384	26 / 32	405 / 446 — 138 / 125	557 / 512	−201 / −246	27 / 33	348 / 358 — 125 / 120	437 / 406	+89 / −95	28 / 34	504 / 546 — 130 / 120	688 / 604	+89 / −95	29 / 35	503 / 478 — 114 / 120	581 / 526	−28 / −83	30 / 36	501 / 601 — 114 / 140	689 / 760	+4 / −124	460 / 480	552 / 526	−87 / −106
900 k. + Nitrate {Phosphates 600 k. Superphos-phates 640 k. Phosphates précip. 115 k.}	59 / 59 / 59	37 / 43 / 49	654 / 654 / 708.50 — 166 / 156 / 165	731 / 731 / 870.50	−60 / −50 / +90.50	38 / 44 / 50	447 / 430 / 571 — 168 / 146 / 156	526 / 720.50 / 758	−282 / −31.50 / −8	39 / 45 / 51	353.50 / 430 / 414 — 114 / 146 / 146	445.50 / 487 / 471	+0 / +? / +17	40 / 46 / 52	540.50 / 640 / 654 — 135 / 140 / 146	586.50 / 621 / 708	−32.50 / +.72 / +89	41 / 47 / 53	636 / 600 / 647 — 172 / 151 / 151	719 / 668 / 709	+110 / +90 / +100	42 / 48 / 54	617 / 602 / 568 — 182 / 157 / 165	710 / 784 / 635	+75 / −149	600 / 602 / 618	634 / 787 / 486	−6 / +30 / +46
Sans engrais		55	616 — 135	751	»	56	602 — 136	758	»	57	345 — 109	454	»	58	505 — 114	619	»	59	495 — 114	609	»	60	545 — 120	635	»	516	640	

TABLEAU N° 11.

CHAMP DE LONGUENESSE (Système Allemand).

ÉTAT DES RENDEMENTS

	ENGRAIS EMPLOYÉS		BLÉ DE BORDEAUX rouge inversable.			BLÉ ROSEAU épi carré.			BLÉ Square Head danois épi carré.			MOYENNES.	
			N°s	Grain	Paille.	N°s	Grain	Paille.	N°s	Grain	Paille.	Grain	Paille
				kil.	kil.		kil.	kil.		kil.	kil.	kil.	kil.
DOSE SIMPLE	Tourteaux Colza des Indes : 800 kil. Nitrate : 200 kil.	Phosphates naturels 900 kil.	61	3840	8000	62	3240	6200	63	4016	7000	3698	7066
		Superphosphates 600 kil.	64	3168	6400	65	3072	6600	66	3780	6800	3013	6600
		Phosphates précipités 115 kil.	67	3080	5800	68	2800	6000	69	3364	6200	3081	6000
DOSE DOUBLE	Tourteaux Colza des Indes: 1600 kil. Nitrate de Soude : 400 kil.	Phosphates naturels 1.800 kil.	72	4068	8600	71	3220	8800	70	3568	9200	3618	8866
		Superphosphates 1.200 kil.	75	3904	8800	74	3384	8900	73	3232	8400	3506	8700
		Phosphates précipités 230 kil.	78	3948	8800	77	3000	8200	76	3332	9200	3426	8733

CONCLUSIONS A TIRER DES CHAMPS D'EXPÉRIENCES D'AUTOMNE

Des résultats contenus dans les tableaux précédents, on peut tirer les conclusions suivantes, qui demandent à être confirmées par des expériences ultérieures, faites sur de plus grandes surfaces :

Il est utile et souvent avantageux dans la culture du blé, de donner de l'acide phosphorique aux sols où ont été établies les expériences de 1885-86 ; mais *d'une manière générale*, les phosphates, superphosphates ou phosphates précipités ne produisent un effet très marqué, qu'employés à fortes doses.

Les bénéfices nets s'accroissent en leur ajoutant du nitrate de soude à des doses modérées d'engrais phosphatés. (Cette conclusion est confirmée pleinement par les essais de 1886-87.)

L'effet produit par les trois engrais phosphatés dont nous avons fait usage comparativement, est différent suivant les terres expérimentées :

A Noyelles, les phosphates sont en gain en haute dose ; les superphosphates sont en gain en dose simple ; les phosphates précipités sont en perte ; les trois engrais phosphatés additionnés de nitrate de soude sont en gain, mais les superphosphates l'emportent de beaucoup sur les deux autres, avec un bénéfices net de 141 fr. 50 à l'hectare.

A Loison, les résultats sont à peu près les mêmes. C'est encore les superphosphates et nitrate qui donnent un bénéfice net de 141 fr. à l'hectare.

A Vaulx-Vraucourt (où le mélange des engrais phosphatés avec nitrate n'a pu être apprécié par le calcul) les phosphates, naturels à haute dose donnent un bénéfice net de 226 fr. à l'hectare, sur le blé Square Head, tandis que le blé Roseau n'accuse que 98 fr. de bénéfice.

Les superphosphates et les phosphates précipités ne sont en gain que pour le blé Square Head.

A Longuenesse, tous les engrais phosphatés employés seuls sont en perte. Les superphosphates et nitrate donnent un gain moyen de 30 fr. et les phosphates précipités de 46 fr.

Ces quelques chiffres prouvent, que dans la question si importante de l'emploi des engrais phosphatés, les résultats sont très différents suivant les terres, et qu'une règle générale est impossible. Le cultivateur peut seul, en essayant sa terre et ses engrais, savoir quels sont ceux qu'il a le plus d'avantage à employer. Ceci est d'ailleurs confirmé par les essais très nombreux de 1886-87 qui donneront des différences énormes en faveur des phosphates ou des superphosphates, suivant les terres.

Il en serait peut être autrement si dans nos essais, nous avions comparé le kil. d'acide phosphorique sous une forme, au kil. d'acide phosphorique sous une autre. Mais, nous avons dit plus haut que l'emploi pour le même argent, sur des parcelles égales d'engrais phosphatés différents, en se basant sur les prix de ces engrais, était la base que nous devions prendre, parceque c'est celle du praticien. Nous cherchons, en augmentant nos dépenses, à augmenter proportionnellement nos recettes, de manière à obtenir un plus grand bénéfice. Tel est notre but, parceque c'est celui du cultivateur.

Système Allemand. — Nous avons essayé à Noyelles, Loison et Longuenesse, le système allemand, qui consiste à prendre le blé pour tête de l'assolement, le fumer à haute dose, et le faire suivre par la betterave à laquelle on ne donne que des engrais de commerce. Ce système, qui permet chez nos voisins d'obtenir de très fortes récoltes de blé, et des betteraves très riches, n'a pas donné en première année pour le blé de très beaux résultats. Le fumier, les engrais phosphatés et le nitrate ont donné au blé une végétation très luxuriante, la maturation a été retardée, et s'est faite dans de très mauvaises conditions ; aussi n'avons nous obtenu qu'un grain de qualité secondaire, qui n'a pu être estimé que très bas. Les rendements les plus élevés ont été obtenus à Loison, sur les blés de Bordeaux, et Square Head danois, qui ont donné 48 quintaux de grain à l'hectare, et 86 quintaux de paille en balles.

Il reste à savoir si ce rendement est économique. Nous ne pouvons le calculer aujourd'hui, ayant fait usage de fumier, que nous ne pouvons estimer. A l'arrachage des betteraves de 1887, nous connaîtrons les rendements, et nous pourrons établir un compte de deux ans où nous supprimerons la valeur du fumier que nous ne voulons pas estimer. Cette suppression dans le compte sera possible, car nous aurons mis le fumier pour le blé au lieu de le mettre pour les betteraves.

Quant aux variétés de blés employées, nous avons pu les juger : le blé rouge inversable de Bordeaux peut parfaitement verser, et ne doit, pensons-nous, être employé que dans des conditions moins exceptionnelles de fumure, que celles que nous avions.

Le Blé Square Head danois et le Roseau se sont parfaitement comportés. Le premier, surtout, ne doit-être employé que dans des terres très riches ou très fumées ; il résiste parfaitement à la verse, mais donne un grain de seconde qualité. Nous ne pensons pas que l'on ait avantage à l'employer dans des conditions ordinaires. On ne peut en dire autant du Roseau qui convient aux bonnes terres et qui donne un grain d'excellente qualité.

Les variétés employées dans les essais sur les engrais phosphatés, ont donné de bons résultats ; les Blés Hallett, ont cependant été semés trop tard ; l'hiver leur a fait beaucoup de mal, et malgré leur puissance extraordinaire de tallage ils n'ont pas donné ce que l'on aurait pu attendre d'eux.

Le Standup et le Blanc anglais, épi carré, de M. Deconinck, sont à signaler. Ce sont deux variétés à grand rendement à propager.

Des essais de sélection ont été faits à Noyelles et à Vaulx-Vraucourt, nous en rendrons compte lors de la publication des expériences de 1886-87.

ESSAIS DE PRINTEMPS

Nous donnons ci-après les résultats fournis par les essais de printemps établis chez MM. Joly-Dausques, à St-Martin-Boulogne et Platiau, à Longuenesse. Des essais semblables avaient été installés à St-Pol chez M. Guaquerre, et à Brimeux chez M. Blondel. Les résultats des premiers ont été rendus incomplets par des erreurs de pesage, et n'offrent par conséquent aucun intérêt. Quant aux seconds, ils sont nuls, le champ de Brimeux ayant été complétement dévasté par la grêle.

CHAMP DE BOULOGNE

Sol siliceux. — Terre en bon état, mais malheureusement en pente légère. Les résultats de l'analyse de la terre par 4 plantes, par suite de cette circonstance, ne sont pas aussi concordants qu'ils devraient l'être ; aussi nous n'accompagnerons le tableau suivant d'aucun commentaire.

CHAMP DE SAINT-MARTIN-BOULOGNE

ESSAIS DE PRINTEMPS

TABLEAU DES RENDEMENTS

ENGRAIS EMPLOYÉS		ORGE CHEVALIER Hallett.			AVOINE noire de Californie.			FÉVEROLLES de Picardie.			POMMES DE TERRE Magnum Bonum.	
		N°°	Grain	Paille	N°°	Grain	Paille	N°°	Grain	Paille	N°°	Tubercules.
			kil.	kil.		kil.	kil.		kil.	kil.		kil.
Engrais sauvage . . . . 700 k.		25 bis	2800	3380	17 bis	3100	4880	9 bis	1176	4439	1 bis	19800
Sans engrais		25	2300	3650	17	2576	4164	9	896	4157	1	16740
Engrais complet sans acide phosphorique. { Nitrate de soude 300 k. / Chlor. de potas. 200 k. }		26	3033	5507	18	3416	6694	10	1064	4438	2	23040
Engrais complet sans potasse. { Nitrate de soude 300 k. / Superphosphat 600 k. }		27	3033	5867	19	3802	6198	11	672	3820	3	21000
Engrais complet sans azote. { Superphosphat. 600 k. / Chlor. de potas. 200 k. }		28	2920	4046	20	2576	3944	12	840	3652	4	20450
Phosphat. natur. (Desailly). 900 k.		29	3100	4430	21	2920	4943	13	728	3876	5	17080
Superphosphates seuls. . 600 k.		30	3420	4080	22	3100	5886	14	840	3876	6	15730
Nitrate de soude seul . . 300 k.		31	4380	5470	23	3528	7395	15	1008	4383	7	20000
Chlorure de potassium seul. 200 k.		32	3420	5050	24	3248	6302	16	1120	4719	8	15620

CHAMP DE LONGUENESSE

ESSAIS DE PRINTEMPS

TABLEAU DES RENDEMENTS A L'HECTARE

ENGRAIS EMPLOYÉS		ORGE CHEVALIER Hallett.			BLÉ BLEU de Noé.			AVOINE NOIRE de Californie			POMMES de TERRE	
		Nos	Grain	Paille	Nos	Grain	Paille	Nos	Grain	Paille	Nos	Tubercules.
			kil.	kil.		kil.	kil.		kil.	kil.		kil.
Sans engrais		133	3800	5000	125	1288	4000	117	2660	5200	101	18400
Engrais complet sans acide phosphorique	Nitrate de soude. 300 k. / Chlorure de Potassium. 200 k.	134	4120	6800	126	1828	5600	118	3496	7600	102	21200
Engrais complet sans potasse	Superphosphates. 600 k. / Nitrate de soude. 300 k.	135	4040	6000	127	2020	6800	119	3940	8400	103	22800
Engrais complet sans azote	Superphosphates. 600 k. / Chlorure de Potassium. 200 k.	136	2880	3400	128	1500	4600	120	2560	5600	104	19200
Phosphates naturels (Desailly). 900 k.		137	2420	3010	129	1200	3800	121	2800	6000	105	18800
Superphosphates seuls. 600 k.		138	2734	3544	130	1300	4200	122	2856	5600	106	23200
Nitrate de soude seul. 300 k.		139	3160	4637	131	1700	6800	123	3956	8000	107	25200
Chlorure de potassium seul. 200 k.		140	2990	3924	132	1532	4400	124	2748	6000	108	18000

ESSAIS DE BETTERAVES

Des essais de betteraves, ont été établis chez MM. Masclef, de Loison et Platiau, de Longuenesse.

Nous donnons ci-dessous les résultats des analyses dont M. Pagnoul a bien voulu se charger.

CHAMP DE LOISON

M. Masclef, de Loison, mit à ma disposition une terre de nature argilo-siliceuse venant de porter du blé. Tous les frais d'installation (fumier, engrais de commerce et main-d'œuvre) furent supportés par M. Masclef, le département n'ayant à sa charge que le port des graines, celles-ci ayant été mises gratuitement à ma disposition par les producteurs.

La disposition du champ était la même que pour les expériences d'automne, c'est-à-dire que les engrais formaient des bandes longitudinales, et les graines des bandes transversales qui, en s'entrecroisant, constituaient des carrés égaux.

Le principal but des expériences d'engrais était de rechercher quelle est la méthode la plus avantageuse d'enfouissement des engrais de commerce.

M. Masclef emploie par hectare 20,000 kil. de fumier enfoui avant l'hiver, 1,500 kil. de tourteaux de sésame, 200 kil. de nitrate de soude, 200 kil. de sulfate d'ammoniaque, et 750 kil. de superphosphates de noir. La valeur totale de ces engrais de commerce est de 375 fr. par hectare.

Nous avons combiné les différents engrais de commerce de différentes façons, en conservant toujours la somme de 375 fr. par hectare afin de connaître quels sont les mélanges les plus avantageux. Là était le second but des expériences.

Ces deux essais furent faits sur 10 variétés de betteraves.

Au moment de la récolte, les prises d'échantillons furent faites d'après la méthode du concours betteravier, c'est-à-dire, que dans chaque carré, on arracha 2 lignes moyennes de 5 mètres de longueur ; connaissant le nombre de lignes contenues dans 10 mètres, ainsi que le poids des betteraves arrachées et formant l'échantillon, on pouvait calculer le rendement à l'hectare. Les betteraves furent envoyées à la station agronomique où les analyses eurent lieu. Le tableau suivant donne la densité, le sucre par décilitre, le rendement cultural, et la cote de la forme, le maximum étant 8. L'avant-dernière colonne verticale du tableau donne les moyennes des 10 variétés, et enfin la dernière, le nombre de points obtenus par chaque bande d'engrais, afin de traduire en un seul chiffre, les résultats donnés par toutes les variétés avec le même engrais.

C'est encore la méthode de calcul du concours betteravier, c'est-à-dire la formule Trannin qui a été employée.

CHAMP D'EXPÉRIENCES DE LOISON SUR LES BETTERAVES

TABLEAU des rendements indiquant les numéros des parcelles, la densité, le sucre par décilitre de jus, le rendement cultural, et la forme (le maximum étant 8), ainsi que les moyennes et le nombre moyen de points obtenus.

ENGRAIS EMPLOYÉS			MILLON					DESPREZ (blanche n° 2 longue)					GISEKER K. W. SYRAND				
…mel.	NATURE des engrais	Nombre de kil. employés à l'hectare	Numéros d'ordre	Densité à 15°	Sucre par décilitre de jus	Rendement en poids	FORME	Numéros d'ordre	Densité à 15°	Sucre par décilitre de jus	Rendement en poids	FORME	Numéros d'ordre	Densité à 15°	Sucre par décilitre de jus	Rendement en poids	FORME
	Tourteaux. . . . Superphosphate	2500 750	2	7.1	15.92	58000	8	1	6.6	11.61	62000	6	9	6.4	11.27	58000	8
	Nitrate de soude Superphosphate	1031 750	35	6.6	13.58	58000	5	37	6.3	13.69	64000	6	42	6.3	11.06	51000	7
…ouls …rue. …uir.	Sulfate d'ammoniaque Superphosphate	237 750	66	6.5	14.22	58000	7	70	6.3	15.05	77000	5	74	6.3	14.28	55000	7
	Tourteaux. . . . Nitrate de soude Sulfate d'ammoniaq. Superphosphate	1500 207 2[illegible] 750	101	7.0	15.57	58300	5	105	6.7	13.33	62000	7	108	6.5	14.45	54000	6
	Tourteaux. . . . Nitrate de soude Sulfate d'ammoniaque . . .	1650 246 246	131	6.9	15.30	55000	5	134	6.5	11.86	58000	6	141	6.2	13.08	54500	5
…à la …rdeur	Tourteaux. . . . Nitrate de soude Sulfate d'ammoniaq. Superphosphate	1500 200 200 750	167	7.0	15.31	50000	7	169	6.3	13.90	74000	6	173	6.1	12.18	51300	6
…à la …rdeur	Tourteaux. . . . Nitrate de soude Sulfate d'ammoniaq. Superphosphate	1500 200 200 750	200	6.9	15.26	56000	7	207	6.0	11.11	62000	7	202	6.1	14.0[illegible]	50000	5
…ur.	Tourteaux. . . . Nitrate de soude Sulfate d'ammoniaq. Superphosphate	1500 200 200 750	231	7.2	15.71	54200	6	235	6.6	15.02	71000	7	239	6.6	15.0[illegible]	71000	6

ENGRAIS EMPLOYÉS		SCHREIBER (originale)					SACHS ELITE					ELOIR à Marchiennes					CARLIER K. W. acclimatée				
NATURE des engrais	Nombre de kil.	Numéros d'ordre	Densité à 15°	Sucre par décilitre de jus	Rendement en poids	FORME	Numéros d'ordre	Densité à 15°	Sucre par décilitre de jus	Rendement en poids	FORME	Numéros d'ordre	Densité à 15°	Sucre par décilitre de jus	Rendement en poids	FORME	Numéros d'ordre	Densité à 15°	Sucre par décilitre de jus	Rendement en poids	FORME
Tourteaux. Superphosphate	2500 750	11	7.1	17.01	51000	6	14	7.1	15.70	54100	8	18	6.1	14.20	58000	6	21	6.3	14.14	58000	7
Nitrate de soude Superphosphate	1031 750	44	7.0	15.92	58000	6	47	6.5	13.13	53000	7	54	6.6	11.14	46000	6	56	5.9	12.75	54000	6
Sulfate d'ammoniaque Superphosphate	237 750	77	7.0	16.01	60000	7	80	6.5	11.04	52000	6	85	6.2	13.30	55000	5	89	6.1	13.06	55000	7
Tourteaux. Nitrate de soude Sulfate d'ammoniaq. Superphosphate	1500 207 2[illegible] 750	110	7.1	15.68	50000	6	113	6.9	15.54	[illegible]	5	117	6.0	11.08	49000	7	122	6.1	14.17	62300	7
Tourteaux. Nitrate de soude Sulfate d'ammoniaque	1650 246 246	142	5.9	16.54	62000	7	146	6.8	15.16	53000	1	150	6.0	12.16	52000	7	155	6.2	13.48	49000	6
Tourteaux. Nitrate de soude Sulfate d'ammoniaq. Superphosphate	1500 200 200 750	176	6.8	15.35	60000	7	179	6.5	13.86	49000	5	183	6.2	13.35	52000	7	188	5.8	12.68	60000	8
Tourteaux. Nitrate de soude Sulfate d'ammoniaq. Superphosphate	1500 200 200 750	209	6.9	15.70	54000	5	212	6.7	15.17	62000	8	216	6.1	14.08	52000	6	221	5.9	12.56	60000	5
Tourteaux. Nitrate de soude Sulfate d'ammoniaq. Superphosphate	1500 200 200 750	242	7.2	16.49	60000	7	245	7.0	15.75	58000	7	248	6.2	14.10	55000	7	251	6.3	11.06	58000	7

ENGRAIS EMPLOYÉS		MASCLEF (1re année d'acclimatation)					MASCLEF (2e année d'acclimatation)					SIMON-LEGRAND B. A. 49					MOYENNES				NOMBRE de points
NATURE des engrais	Nombre de kil.	Numéros d'ordre	Densité à 15°	Sucre par décilitre de jus	Rendement en poids	FORME	Numéros d'ordre	Densité à 15°	Sucre par décilitre de jus	Rendement en poids	FORME	Numéros d'ordre	Densité à 15°	Sucre par décilitre de jus	Rendement en poids	FORME	Densité à 15°	Sucre par décilitre de jus	Rendement en poids	FORME	
Tourteaux. Superphosphate	2500 750	25	6.8	15.62	61300	6	26	6.8	15.12	[illegible]	7	29	6.2	14.61	56000	6	6.7	15.18	[illegible]	8	7.812
Nitrate de soude Superphosphate	1031 750	58	6.8	16.16	62000	6	59	6.5	11.01	58000	8	62	5.7	12.85	54000	6	6.1	13.06	[illegible]	6	7.16
Sulfate d'ammoniaque Superphosphate	237 750	93	6.7	14.82	62000	7	96	6.5	11.92	46000	5	99	6.0	12.05	56100	6	[illegible]	11.98	[illegible]	6.3	7.50
Tourteaux. Nitrate de soude Sulfate d'ammoniaq. Superphosphate	1500 207 2[illegible] 750	124	6.7	15.28	65000	8	125	6.9	15.19	[illegible]	7	128	6.1	13.8[illegible]	56000	6	6.1	11.56	[illegible]	7	7.36
Tourteaux. Nitrate de soude Sulfate d'ammoniaque	1650 246 246	157	6.4	15.15	[illegible]	8	158	6.3	[illegible]	54000	8	161	5.9	12.7[illegible]	51100	6	6.[illegible]	[illegible]	5.100	6	7.23
Tourteaux. Nitrate de soude Sulfate d'ammoniaq. Superphosphate	1500 200 200 750	190	6.6	11.92	50000	6	191	6.1	14.11	50000	7	191	5.8	12.21	53000	7	6.3	14.41	[illegible]	7	7.36
Tourteaux. Nitrate de soude Sulfate d'ammoniaq. Superphosphate	1500 200 200 750	223	6.1	13.11	61000	7	224	6.4	13.15	62000	8	227				8	6.1	11.30	[illegible]	6	7.00
Tourteaux. Nitrate de soude Sulfate d'ammoniaq. Superphosphate	1500 200 200 750	256	6.5	11.30	60000	7	257	6.6	14.06	62000	8	261	5.8	12.[illegible]	55000	6	6.6	14.13	5.050	7	7.75

CHAMP D'EXPÉRIENCES DE LOISON

BETTERAVES

ESSAI comparatif de 31 variétés de Betteraves :

FUMURE A L'HECTARE :
- Tourteaux sésame . . . 1.500 k.
- Nitrate de soude . . . 200
- Sulfate d'ammoniaque . 200
- Superphosphates . . . 750
- Fumier 20.000

Le Fumier a été enfoui avant l'hiver par labour profond. Les autres engrais ont été enfouis, les 2/3 à la charrue par labour léger, 1/3 à l'extirpateur avant la semaille.

PROVENANCE DES VARIÉTÉS	N° D'ORDRE	Densité	Sucre par décilitre de jus.	Rendement cultural.	Forme le maximum étant 8.	Nombre de points.
Millon des Merchines	101	7.0	15.57	52.400	5	2.630
Déprez rose n° 1 très longue .	102	6.9	15.52	54.000	5	2.708
id. blanche n° 2 longue .	103	6.2	13.49	62.800	7	2.497
id. rose 2 1/2 longue . . .	104	6.4	14.43	61.400	5	2.712
id. bl. 2 1/2 courte. . .	105	6.5	14.56	58.200	8	2.723
id. K. W. 1 an d'acclimatation	106	6.9	15.45	56.800	7	2.808
id. bl. Vilmorin 1 an d'accli.	107	6.5	14.51	50.100	7	2.479
Giseker K. W. Strand . . .	108	6.5	14.45	55.200	6	2.548
id. Vilmorin Zehnigen . .	109	6.6	14.84	54.000	7	2.656
Schreiber originale	110	7.1	15.68	50.600	6	2.608
Giseker K. W. Heine . . .	111	6.6	14.69	54.700	7	2.609
Braune I.	112	6.7	15.24	61.400	8	2.979
Sachs elite	113	6.9	15.58	55.700	7	2.834
id. K. W. améliorée . . .	114	6.9	15.10	52.000	6	2.517
id. K. W. Vilmorin . . .	115	6.9	14.94	48.300	7	2.385
Sachs elite	116	7.1	15.80	52.200	6	2.697
Eloir à Marchiennes	117	6.6	14.09	60.300	7	2.470
Knoche n° 1	118	7.3	15.63	50.600	7	2.504
Knoche K. W. améliorée . .	119	6.7	15.18	57.500	8	2.858
Maïzel à Brzozowka (t. argil.) .	120	6.5	14.06	62.100	8	2.580
Maïzel à Brzozowka (sablon.) .	121	6.3	14.35	55.700	8	2.690
Carlier K. W. acclimatées . .	122	6.3	14.17	60.500	7	2.692
id. K. W. et Silès croisées .	123	7.2	16.22	56.300	8	2.976
Masclef 1re année	124	6.7	15.33	65.500	8	3.117
id. 2e année	125	6.9	15.49	63.900	7	2.996
Simon-Legrand B. A. 48 . . .	126	6.7	14.74	60.000	6	2.484
id. B. A. 50 . .	127	6.2	13.45	58.000	7	2.377
id. B. A. 49 . .	128	6.4	13.80	58.600	6	2.401
id. L. A. 47 . .	129	6.4	13.88	66.000	6	2.767
Dippe Impériale	131	7.0	15.55	52.000	6	2.650
id. K. W.	132	6.7	14.32	51.000	5	2.264

CHAMP DE LONGUENESSE

Un champ d'essai comparatif de variétés de betteraves a été également établi dans les mêmes conditions que le précédent par M. Félix Platiau, de Longuenesse.

M. Platiau a fait peser la récolte de chaque parcelle, et prendre la densité d'échantillons moyens. Le tableau suivant donne les résultats des 42 variétés ; une colonne indique le prix auquel chaque variété aurait pu être vendue au fabricant, d'après l'échelle acceptée par M. Platiau pour la livraison de ses betteraves. La dernière colonne contient les produits à l'hectare en argent.

CHAMP DE LONGUENESSE

ESSAIS DE BETTERAVES 1886

N° d'ordre de plantation.	NOMS DES BETTERAVES	DATE de L'ARRACHAGE	POIDS à l'hectare	Densité.	PRIX 0/₀₀ kil. en 1886.	PRODUIT à l'hectare.
			kil.		fr. c.	fr. c.
1	Desprez, rose n° 1, très longue	27 octobre	37.800	6°5	28 »	1.058 40
2	id. blanche, n° 2, longue	id.	42.940	6°1	24 »	1.030 56
3	id. rose, n° 2 1/2, longue	id.	45.934	5°9	22 »	1.010 54
4	id. blanche, n° 2 1/2, courte	id.	41.665	6°0	23 »	958 29
5	id. Klein, 1 an d'acclimatation	id.	37.406	6°9	33 »	1.234 39
6	id. blanche Vilmorin riche, peu de poids	id.	35.336	6°4	27 »	954 07
7	Dervaux de Wargnies-le-G. longue riche n° 1	3 novembre	53.215	6°5	28 »	1.490 02
8	id. id. moins longue n° 4 riche	id.	36.404	6°9	33 »	1.201 33
9	Schreiber de Nordausen, original	id.	28.644	7°5	41 75	1.195 88
10	id. id. Klein améliorée	id.	39.684	6°2	25 »	992 21
11	Braune de Biendorf, I	id.	37.406	6°0	23 »	860 33
12	id. id. II	id.	37.914	6°4	27 »	1.023 67
13	Sachs de Quedlinbourg. Klein améliorée	27 octobre	26.352	7°1	35 75	942 08
14	id. id. Klein-Vilmorin (croisem.)	3 novembre	26.248	6°4	27 »	708 99
15	id. id. Elite	id.	30.779	7°3	38 75	1.192 68
16	Vanschaffe-Klein améliorée	27 octobre	33.904	6°3	26 »	881 50
17	Knoche, n° 1	id.	27.849	6°5	31 75	884 20
18	id Klein améliorée	3 novembre	37.614	7°3	38 75	1.467 54
19	Schlittes d'Aumhules-Allemagne, blanche améliorée	id.	24.098	7°1	35 75	893 67
20	id. id. Klein Elite	id.	28.123	7°7	44 75	1.258 51
22	Ladislas Maïzel. Pologne russe, pour argile	id.	41.013	6°7	30 50	1.250 89
23	id. id. pour sable	id.	40.380	6°7	30 50	1.231 59
24	Huwart à Liège, blanche	id.	37.027	6°3	26 »	962 70
25	Carlier-Klein acclimatée	id.	35.310	6°8	31 75	1.121 09
26	id. Klein-silésiennes (croisement)	id.	33.591	7°4	40 25	1.352 03
27	Pontfort à Boiry, blanche	id.	22.342	7°5	41 75	932 77
28	Masclef de Loison, n° 1	28 octobre	46.012	7°1	35 75	1.644 92
29	id. id. n° 2	id.	37.576	7°0	34 25	1.286 97
30	Simon-Legrand, rose longue	id.	38.669	6°6	29 25	1.131 06
31	id. blanche	3 novembre	37.576	6°8	31 75	1.193 03
32	id. id.	id.	38.930	6°4	27 »	1.051 11
33	id. id	id.	40.075	7°0	34 25	1.372 56
34	Rechemberg de Worlitz, allemagne blanche	id.	36.560	6°9	33 »	1.206 46
35	Dippe, impériale améliorée	id.	36.300	7°3	38 75	1.406 62
35 bis	id. Klein améliorée	id.	36.600	7°0	34 25	1.253 55
36	Gizeker-Klein-Heine	28 octobre	42.289	6°4	27 »	1.141 80
37	id. Klein-Strand	id.	49.163	6°3	26 »	1.278 23
38	id. Vilmorin-Zeinigen	id.	40.830	6°4	27 »	1.102 41
39	Simon-Legrand, blanche améliorée. n° 1	id.	42.651	6°5	28 »	1.194 22
40	id. id. coniques	id.	41.403	6°5	28 »	1.159 28
41	id. rose améliorée. n° 1	id.	48.288	6°4	27 »	1.303 77
0	Millon de Merchines, n° 1	id.	35.540	7°4	40 25	1.430 48

DISTRIBUTION DE 40 VARIÉTÉS DE GRAINES DE BETTERAVES

J'ai toujours pensé que le cultivateur peut faire sa graine de betteraves lui même. Pour se créer une race, adaptée à son sol, il est indispensable d'expérimenter sur des variétés diverses. C'est parmi ces variétés cultivées comparativement que l'on peut choisir les porte-graines qui seront destinés à servir de souche à la race qui plus tard sera adaptée au sol.

J'ai pensé être utile en procurant des graines de bonnes variétés et en les distribuant gratuitement aux cultivateurs pour faire des essais comparatifs, ne leur demandant en retour que de me faire parvenir leurs résultats.

Je me suis adressé aux bons producteurs de graines de betteraves français, belges, russes et allemands, en leur demandant de m'envoyer *franco et gratuitement* la quantité de leurs graines qu'ils jugeraient convenable, m'engageant simplement à les distribuer à un certain nombre de cultivateurs du département.

Vingt producteurs répondirent à mon appel en m'expédiant ainsi plus de 1,200 k. de 42 variétés de betteraves riches.

J'ai expédié ces graines par quantités de 1 à 7 kilog. de chaque variété, à trente-deux cultivateurs des arrondissements d'Arras, Béthune, Saint-Pol, Saint-Omer et Montreuil.

Ces envois étant faits en port dû, n'ont coûté à la caisse des champs d'expériences que les frais de correspondance et les sacs, qui me sont retournés franco.

J'ai cru pouvoir prendre sur moi cette légère dérogation à la délibération du Conseil général, qui a voté 1,000 francs pour six champs d'essais ; mais, comme cette distribution de graines n'entre pour presque rien dans les dépenses, et n'a exigé qu'un travail personnel de ma part, j'ai cru pouvoir rester dans les idées du Conseil en la faisant.

Parmi les cultivateurs qui m'ont envoyé les résultats de leurs essais, je dois signaler particulièrement MM. Lebas, de Cambligneul et Barlet, de Tincques, qui m'ont envoyé des tableaux très complets, que je livre à la publicité, tels qu'ils me sont parvenus, en laissant à leurs auteurs la responsabilité des chiffres qu'ils contiennent, et des méthodes d'appréciation employées.

CHAMP DE M. LEBAS, DE CAMBLIGNEUL

DÉSIGNATION DE LA VARIÉTÉ	N° d'ordre	Nombre de plants sur 10 mètres	Poids	Densités	Couleur	Peau	Chair	Forme	Nombre de plants sortant 0/0	Nombre de plants racinant (')	Rendement à l'hectare	Prix en argent	Dépense à l'hectare	Profits	Rang pour le rendement en argent à l'hectare	Rang pour la densité	Rang pour le rendement au poids à l'hectare
											kil.	fr.	fr.	fr.			
Desprez, à Capelle — Rose n° 1, très longue	1	50	18.500	7°4	rose	très rugueuse	très dure	très longue	4	58	56.060	1.906	950	956	2	4	6
Blanche n° 2, longue	2	50	25.500	6°0	blanche	peu rugueuse	peu dure	id.	25	22	77.270	1.545	950	595	8	11	1
Rose n° 2 1/2. longue	3	49	22.500	6°2	rose	id.	dure	longue	32	22	68.180	1.499	910	589	9	10	2
Blanche n° 2 1/2. courte	4	50	21.000	6°6	blanche	id.	id.	id.	60	26	63.630	1.654	910	744	4	6	4
Klein-Wanzleben un an d'acclimat.	5	47	18.000	6°9	id.	très rugueuse	id.	courte et pivotante	18	38	54.540	1.581	910	671	6	5	7
Blanche Vilmorin, peu de poids	6	47	16.500	6°9	id.	id.	id.	courte	16	40	50.000	1.450	910	540	11	5	9
Schreiber originale	9	45	15.500	7°0	id.	rugueuse	id.	id.	16	46	46.960	1.408	910	498	12	4	10
Schreiber à Nordhausen — Schreiber Klein-Wan.	10	43	22.000	6°6	id.	id.	id.	demi-longue	16	34	66.660	1.733	910	823	3	6	3
Braune à Biendorf-Veundorf	12	43	21.000	7°1	id.	id.	très dure	1/2 longue carrée	16	28	63.630	1.972	910	1.062	1	3	4
Sachs à Quedlimbourg — Sachs Klein-Wanzleben	13	43	13.000	7°1	id.	très rugueuse	id.	courte	10	20	39.390	1.339	910	429	17	1	11
Sachs croisements	14	49	12.500	7°2	id.	id.	id.	id.	12	16	37.870	1.211	910	301	19	2	12
Wanschaffe-Klein-Wanzleben amél.	16	50	17.500	7°0	id.	id.	dure	demi-longue	22	38	53.330	1.599	910	689	5	4	8
Ladisias — Maizel pour terres argil.	22	49	18.500	6°6	id.	id.	id.	courte	6	20	56.060	1.457	910	547	10	6	6
Maizel pour terres sabl.	23	50	13.000	6°4	id.	id.	id.	id.	6	50	39.390	945	910	35	21	8	11
Ponfort à Boiry	27	49	12.500	7°2	id.	très rugueuse	très dure	id.	0	49	37.870	1.221	910	311	18	2	12
Masclef, à Loison	28	47	19.000	6°4	id.	rugueuse	dure	longue	24	10	57.570	1.381	910	471	14	8	5
Simon-Legrand, n° 1	30	46	19.000	6°4	rose	lisse	tendre	id.	24	22	57.570	1.381	950	431	16	8	5
id. n° 2	31	54	16.500	6°3	blanche	rugueuse	dure	courte	30	26	50.000	1.150	910	240	20	9	9
id. n° 3	32	47	18.000	6°5	id.	id.	id.	longue	5	20	54.540	1.363	910	453	15	7	7
id. n° 4	33	50	18.000	6°5	id.	id.	id.	id.	12	22	56.060	1.401	910	491	13	7	6
Lebas, à Cambligneul, croisement Vilmorin et Brabant	34	48	21.000	6°4	id.	id.	id.	id.	60	30	63.630	1.527	910	617	7	8	4

DÉPENSE A L'HECTARE

Fumure . . . . 400 fr.
Chevaux . . . . 200 »
Sarclage . . . . 50 »
Semence . . . . 50 »
Arrachage et chargement 60 et 100 »
Fermage et contributions . . 150 »

TOTAL . . . . 910 et 950 fr.

Je prends comme base le prix de 20 francs les 6 degrés avec augmentation de 1 franc par dixième de degré.

Je compte 40 francs de plus aux n°s 1, 2 et 30 pour la difficulté de l'arrachage.

Espacement des lignes : 0m20 c. et 0m45 c. Moyenne : 0m33 c.

Le terrain est presque plat; la terre est très fertile, fort argileuse et bien homogène; elle a reçu une fumure de 35.000 kil. de fumier en septembre 1885; le fumier a été enfoui légèrement fin décembre à 0m35 c.de profondeur; un dernier labour au printemps avant l'ensemencement à 0m18 c. de profondeur; avant le dernier labour on a semé à la volée les engrais suivants à l'hectare :

Fumure 850 kilog. de tourteaux de sésame en poudre; 250 kilog. de nitrate de soude 200 kilog. de chlorure de potassium.

CHAMP DE M. BARLET, DE TINCQUES

N°s d'ordres	DÉSIGNATION DES PRODUCTEURS	DÉSIGNATION DES VARIÉTÉS	DENSITÉ des JUS à 15° centigrades au			MOYENNE des densités	RANG par densité	POIDS à l'are	RANG d'après le poids	FORME ET COULEUR (1)	VALEUR sur la base de 24 fr. 16°.	OBSERVATIONS
			25 Septembre	25 Octobre	25 Novembre						fr. c.	
1	Milon des Merchines	Decoinck, à Arras	7 4	7 55	6 9	7 2	3	225	22	4 B	8 10	Feuilles droites, assez mûre, hâtive.
2	Desprez à Cappelle (Nord)	Rose n° 1 (très longue)	7 2	7 35	6 8	7 12	4	340	3	4 R	11 90	id. convient aux terres profondes, n'est pas mûre, peu hâtive.
3	id.	Blanche n° 2 (longue)	6 25	6 75	6 4	6 5	22	345	2	7 B	10 "	Feuilles droites, convient aux terres profondes, assez mûre.
4	id.	Rose n° 2 1/2 (longue)	6 5	7 2	6 7	6 8	13	325	6	5 R	10 40	Feuilles droites, convient aux terres profondes, assez mûre.
5	id.	Blanche n° 2 1/2 (courte)	6 65	7 "	6 5	6 72	18	255	17	6 B	7 90	Feuilles étalées, assez mûre.
6	id.	Klein-Wanzleben d'acclimatation	6 8	7 4	7 "	7 1	5	210	24	5 B	7 35	id.
7	id.	Blanche Vilmorin	7 2	7 55	7 1	7 28	2	195	25	6 B	7 20	id.
8	Dervaux à Wargnies-le-Grand (Nord)	N° 1 (longue riche)	7 "	7 1	6 7	6 9	10	310	7	8 B	10 23	Feuilles longues id.
9	id.	N° 4 (moins longue et riche)	5 (?) 7 3	6 8	6 65	6 65	20	290	13	6 B	8 70	Cette racine est longue, assez mûre.
10	Sachs de Quedlimbourg (Allemagne)	Croisement Klein-Wanzleben et Vilmorin	6 7	6 8	6 3	6 6	21	300	10	8 B	9 "	Feuilles étalées.
11	Wanschaffe (Allemagne)	Klein-Wanzleben améliorée	6 3	6 8	6 3	6 5	23	290	14	7 B	8 41	id.
12	Knoche (en Allemagne)	Knoche-Klein-Wanzleben améliorée	6 8	7 1	6 7	6 9	11	250	19	7 B	8 25	id.
13	Schlitte à Anmühle (Allemagne)	Schlitte blanche améliorée	6 9	7 1	6 7	6 9	12	215	23	5 B	7 09	Feuilles longues et droites.
14	Ladislas Maizel à Brzozowka (Pologne russe)	Maizel pour terres argileuses	6 4	6 8	6 3	6 5	24	265	16	6 B	7 68	id.
15	id.	id. sablonneuses	6 85	7 3	6 9	7 "	6	305	9	6 B	10 37	id.
16	Masclef à Loison	Masclef	6 7	6 9	6 5	6 7	19	360	1	8 B	11 16	id.
17	Rechemberg de Worlitz (Allemagne)	Rechemberg	6 9	6 95	6 5	6 8	14	255	18	7 B	8 16	id.

N. B. — Ces betteraves ont été plantées dans une parcelle de terre de la contenance de 75 ares 11 centiares, terroir de Tincques, section C, numéro 16; terre forte, c'est-à-dire argileuse, couche moyenne de terre végétale, sortant d'avoine précédée de betteraves. Elle a reçu avant l'hiver 50,000 kilogrammes de fumier; 500 kil. de superphosphate titrant 14 60 % d'acide phosphorique; 323 kilog. de nitrate de soude, dosant 15,80 % d'azote; et 1000 kilog. de tourteaux de sésame, le tout à l'hectare. La plupart des variétés n'ont pas acquis une maturité complète, et celles qui mûrissaient vers la fin d'octobre, ont repris sous l'influence de la chaleur et de l'humidité, une nouvelle végétation très nuisible à la densité toujours décroissante.

(1) Le minimum de la forme est indiqué par le chiffre 4 et le maximum par le chiffre 8.
(2) Cette densité (comme toutes les autres d'ailleurs), a été faite à plusieurs reprises.

www.ingramcontent.com/pod-product-compliance
Lightning Source LLC
LaVergne TN
LVHW021702080426
835510LV00011B/1528